영재교육의 실제적 전략 시리즈

series editors

Frances A. Karnes & Kristen R. Stephens

영재아 지도를 위한 질문전략

Questioning Strategies for Teaching the Gifted

Elizabeth Shaunessy 지음

한기순 · 이금숙 옮김

아카데미프레스

Questioning Strategies for Teaching the Gifted

The Korean language edition published by arrangement with Prufrock Press, Inc. through Agency-One, Seoul.

차 례

역자 서문

본 역서는 Elizabeth Shaunessy 교수가 집필한 『Questioning Strategies for Teaching the Gifted』를 번역한 것이다. 이 책에서 Shaunessy 교수는 영재아를 지도함에 있어 질문전략의 의의를 잘 정리하고 있으며, 그 구체적인 방법과 기술들에 대하여 간략하지만 유용한 정보를 전해주고 있다. 특히 이 책은 교실 사례를 통해서 질문전략이 어떻게 또 어떠한 맥락에서 실천될 수 있는가를 효과적으로 보여주고 있다. 질문전략과 관련한 사이트 및 자료의 소개도 이 책이 주는 맛난 디저트이다.

영재교육에 대한 관심이 커지고 있고 현장에서의 실천도 점차 증가하고 있는 시점에서 이 책은 영재교육에 관심이 있는 독자, 영재아를 둔 부모, 그리고 무엇보다도 영재아를 지도하고 있는 현장 선생님들에게 도움이 될 수 있는 자료라고 생각한다. 다만 이 책을 번역하면서 원저자의 의도를 충분히 살렸는지에 대한 걱정이 앞서는 것이 사실이지만, 앞으로 계속적인 검토와 독자들의 충고와 지적을 바탕으로 보다 완성된 번역본을 만들어낼 수 있기를 희망해 본다.

출판계의 어려운 사정에도 불구하고 출판을 허락해 주신 아카데미프레스 사장님과 편집부 여러분들에게 감사의 마음을 전한다.

2008년 8월

한기순, 이금숙

시리즈 서문

『영재교육의 실제적 전략 시리즈』는 교사, 상담가, 교육행정가, 부모 그리고 그 외에 이 분야에 관심이 있는 사람들에게 영재교육 분야에서 많이 논의되는 다양한 이슈들에 대한 최신 교수 기법과 정보를 제공해 준다. 이 시리즈의 각 권은 영재교육 분야에서 권위 있는 학자들에 의해 많이 논의되는 주제를 중심으로 소개되고 있다. 대표적인 주제는 다음과 같다.

- 영재 학습자들을 가르치기 위한 속진 전략
- 교육과정 압축: 잠재성이 뛰어난 학생들을 변별하기 위한 첫걸음
- 영재 학습자들을 위한 심화 기회
- 영재 학습자들을 위한 개별 연구 활동
- 영재 학생들에게 동기 부여하기
- 영재아들을 가르치기 위한 질문전략
- 사회적 · 정서적 교수전략
- 영재 학습자들을 위한 매체공학 사용하기

들어가는 글

질문을 하는 것이 모든 답을 아는 것보다 더 낫다.

—James Thurber

세계적으로 가장 저명한 철학자 소크라테스는 상위 사고력을 가르치는 데 있어 수 세기 동안 큰 영향을 미쳐 왔다. 소크라테스는 플라톤 등 제자들과의 사상이 풍부한 토론을 통해 탐구와 질문의 사조를 열었으며, 논쟁에 있어 모든 가설의 기초가 되는 논리와 추론을 검증하는 목적으로 수준 있고 심도 깊으며 열린 토론을 뒷받침하는 사고 및 교수전략을 영속케 하였다. 소크라테스식 방법은 2세기에 잉태되어 장시간 검증의 시간을 견뎌 오면서 유치원부터 고등학교 학생(K–12)과 대학 수준의 교육자들에게 유용한 정보를 제공해 왔다. 이 오래된 방식과 여러 측면에서 유사한 비판적 사고 향상을 위한 다른 많은 방법들도 제안되어 왔으며, 주로 소크라테스식 질문방식을 확장시키는 데 기여하곤 했다. 영재 학생들의 창의적 사고의 계발을 촉진시키기 위한 질문전략의 활용은 의도적인 탐구를 격려하는 데 성공적이라고 입증되어 왔다(Daniels, 1997; Feldhusen, 1994; Gallagher, 1985; Letzter, 1982; Parker, 1989; Pollack, 1988; Schwartz & Millar, 1996). 학생들로 하여금 상위 수준 사고를 접하게 하기 위하여 주로 Bloom 분류체계의 상위 사고력에 초점을 맞추면서 다양한 질문전략의 활용이 추천되고 있다. 교사들은 질문의 다양한 목적, 종류, 의도된 산출물을 파악하고 적극적 참여와 탐구를 도모하는 교실 분위기를 조성함으로써 보다 효과적으로 질문을 학습의 맥락에 통합시킬 수 있다.

왜 질문을 하는가?

많은 교육자와 향후 교사가 될 사람들에게는 너무나 실망스럽게도, 교실 현장에서 "교과서로부터 추론을 도출해 내거나, 수학 문제에서 관련되는 정보를 구분해 내거나, 또는 한 평론에서 명제를 이끌어 내거나 지지할 수 있는" 학생의 수는 너무나도 적다(Wolf, 1997, p. 10). 질문전략은 연구자들이 비판적 사고, 창의적 사고, 상위 사고 기술을 기르는 데 필수적이며(Daniels, 1997; Gallagher, 1985; Letzter, 1982; Parker, 1989; Pollack, 1988; Schwartz & Millar, 1996), 또한 학업 성취에 긍정적인 영향을 미친다고 주장하지만, 대부분의 교실에서는 학습의 정규적인 부분으로 이러한 종류의 질문들이 결여된 것으로 보인다(Gallagher; Patterson, 1973). 실제로 "대부분의 교실에서는 교사가 주어진 것을 읽고 반복하는(read-it-and-repeat-it) 수준 이상의 질문을 던지는 경우는 극히 드물다"(Wolf, p. 1). Parker는 대부분의 교실이 사실적이고 수렴적 사고를 요하는 질문을 활용할 뿐이며, 확산적 사고는 비전통적인 개념으로 대부분의 교실에서 거의 이루어지지 않는다고 지적하고 있다.

영재 학생들의 리더적 자질을 키우고 사회에서의 성공을 도모하기 위하여, 교사들은 확산적 사고 질문을 정기적으로 활용함으로써 학생들이 실제 문제를 해결함에 있어 대안적 해결책을 도출할 수 있도록 지도하여야 한다. Guilford(1967)의 지능의 구조(Structure of Intellect)는 확산적 사고와 수렴적 사고를 구분하고 있다. 확산적 사고는 한 문제에 대하여 많은 잠재적 해답 혹은 해결책을 발견할 수 있는 능력이다. 반면에 수렴적 사고는 주어진 문제에 하나의 가장 적절한 해결책을 찾아내는 능력이라고 정의될 수 있다.

Maker와 Nielson(1996)은 영재 교사들이 질문전략을 적절히 활용하여 학생들이 그들의 추상적 아이디어를 어떻게 설명하고, 정교화하고, 또는 명료화할 수 있는지에 관하여 지도해야 한다고 권고하고 있다. 유사한 맥락에서, Daniels(1997) 역시 호기심이란 영재 학생들의 주요 특성이라고 할 수 있는데, 영재 학생들로 하여금 질문을 통해 그러한 본능을 연계시키도록 돕는 것은 궁극적으로 그들로 하여금 자신의 호기심에 대한 더 나은 답을 탐구하도록 자극하는 것이라고 지적한 바 있다. 지식의 회상 수준을 벗어나지 못하고 많은 사고를 요구하지 않는 단순하고 수렴적인 사고를 요하는 질문을 하는 것은 상위 사고의 향상을 촉진시키지 못하며, 이는 영재 학습자의 지적 요구에 상응하는 데 대단히 심각한 문제를 초래할 수 있다(Letzter, 1982).

교실 분위기

학생들이 질문의 활용을 통해 성장할 수 있도록 하기 위해서 교사는 우선 안전하고 위협적이지 않으며 격려하고 상호 존중하는 교실환경을 조성하여야 한다(Feldhusen, 1994; Gallagher, 1985; Letzter, 1982; Maker & Nielson, 1996; Strasser, 1967).

Hunkins(1976)는 교사와 학생의 질문 모두에 있어 지지적인 교실환경을 조성하기 위해 가장 중요한 요인 중의 하나가 자유라고 지적한다. 학생들은 학습 중 언제라도 자유롭게 인지적이고 정의적인 질문을 던질 수 있는 분위기를 느껴야 아이디어와 질문을 도출하는 과정에서 그리고 의미 있는 반응을 조직화하는 과정에서 모험하고 도전적으로 사고할 수 있게 된다.

그런 분위기를 제공하기 위해서 존중은 학습에서 핵심적인 요소인데, 교사는 학생의 생각을 존중하고 이러한 존중은 교사의 적극적인 경청을 통해 반영된다. 학생이 하나의 질문을 제기했거나 소리내어 질문을 생각하고(혹은 만들고) 있는 과정이라면, 교사는 그 학생에게 던질 짧은 해답을 만들거나 다른 질문을 생각해 내기보다, 학생의 질문을 잘 경청하고 답을 말하기 전에 그의 질문에 반응함으로써 존중을 보여 주고 실천할 수 있다. 그러한 전략은 화자에게 그의 생각이 가치로움을 인식시켜 주고, 해결책을 추측함에 있어 위험을 감수해도 괜찮은 안전한 환경임을 암묵적으로 조성해 주며, 하나의 해결책 또는 반응이 만들어지기 전에 진행을 위한 시간이 필요할 수 있음을 예시적으로 보여 준다고 할 수 있다. 교사는 또한 한 학생이 질문을 던지는 동안 다른 학생들이 끼어들거나 방해하지 못하도록 함으로써 모든 학생이 적극적인 경청자가 될 수 있도록 해야 한다.

학습의 반응적인 촉진자로서 교사의 역할은 이 과정에서 매우 중요하다. 교사는 경청자로서 반응적이어야 할 뿐 아니라, 학생들에게 질문을 어떻게 만들고 제기하는지, 소리 내어 사고하는 과정에서 다른 사람들과 어떻게 상호작용하는지, 아이디어와 싸우고 있는 과정에서 어떻게 학생들과 동료들을 격려하고 지원하는지 등과 관련하여 필요한 학습을 제공하여야 한다. 여기에 더하여, 교사는 학생들의 사고하는 과정에서 데이터나 도움을 줄 다른 자료들을 제공할 수도 있고, 혹은 그러한 자료에 접근하거나 토론할 수 있도록 시간을 허락할 수도 있다(Hunkins, 1976). 교사는 학생들 사이에 열린 탐구를 촉진할 수 있는 적절한 분위기가 조성되었는지 결정할 수 있도록 교실 분위기를 지속적으로 모니터하여야 한다. Hunkins는 교사 스스로 이를 평가할 수 있도록 리스트를 제공하고 있다([그림 1] 참조).

[그림 1] 교실 분위기 점검을 위한 교사용 체크리스트

	예	아니요
나는 위협적이지 않은 분위기를 제공했으며, 학생들이 제한 없이 하고 싶은 질문을 할 수 있도록 격려했는가?	___	___
나는 학생들로 하여금 그들의 질문을 명료하게 표현하고 교사, 반친구들과 함께 논의할 기회를 제공하였는가?	___	___
나는 학생이 제기한 질문의 중요성을 함께 논의할 공유된 탐구의 분위기를 조성했는가?	___	___
나는 학생들에게 필요한 정보를 얻기 위해서 어떻게 그리고 어떠한 질문을 계획하고, 구분하고, 제기할 것인가에 관하여 구체적인 제안을 제시했는가?	___	___
나는 학생들에게 그들의 질문을 역할 연기나 모의 실험 등을 통해 검증해 볼 기회를 제공했는가?	___	___
나는 교수자로서 좋은 질문가의 효과적인 예시를 보여 주었는가?	___	___
나는 특정 학생들 혹은 교실 전체와의 토론에서 특정 전략들을 광범위하게 논의하고, 이러한 과정에서 적절한 질문을 사용하는가?	___	___
나는 학생들에게 관련되거나 참고할 만한 질문들을 분석할 기회를 제공하는가?	___	___
나는 학생들로 하여금 교재나 프린트물에 제시된 질문들을 분석하게 하고, 또 이에 대해 함께 토의하는가?	___	___
나는 학생들에게 특정 타입의 질문들을 구분하거나 자료로부터 질문을 만들어 내는 활동 등을 게임 등의 형식을 통해 제공하는가?	___	___

[그림 1] 교실 분위기 점검을 위한 교사용 체크리스트 (계속)

	예	아니요
나는 학생들로 하여금 그들이 제기하는 질문의 유용성을 파악하도록 하기 위해서 그들의 질문을 미니 실험이나 탐구 등을 통해 알아볼 수 있는 기회를 제공하는가?	___	___
나는 학생들이 제기되거나 계획된 질문들에 인지적 · 정의적으로 반응할 기회를 계획하는가?	___	___
나는 학생들이 인지적이고 정의적인 수준에서 그들의 질문을 판단할 수 있도록 적절하게 지도하는가?	___	___
나는 학생들이 그들의 질문과 관련하여 자기 분석을 할 수 있도록 격려하고 도와주는가?	___	___
나는 학생들이 효과적인 질문의 준거와 그들이 제기하는 질문에 이러한 준거를 적용하는 것과 관련하여 배울 기회를 제공하는가?	___	___
나는 학생들이 그들의 질문을 스스로 분석해 볼 기회와 어떤 문제가 존재할 경우 이에 대한 결정을 도울 수 있도록 질문전략들을 제공하는가?	___	___

출처: *Involving Students in Questioning* (pp. 11–12), by P. Hunkins, 1976, Boston: Allyn & Bacon에서 인용.

Strasser(1967)는 학습환경은 질문을 활용하는 동안의 교사의 행동에 의해 많은 영향을 받는다고 주장한다. 존중의 개념 이외에 Strasser가 중요하게 생각하는 질문 시의 주요 원칙은 다음과 같다.

- 간단하고, 편리하고, 예/아니요 질문을 넘어서는 질문을 던져라.

- 질문과 목적의 구체성 혹은 모호함을 고려하라.
- 학생들에게 질문을 요약하거나 결론을 내리게 하는 등의 책임을 부여하라.
- 학생들의 답변에 격려하는 방식으로 반응하라.
- 질문을 제시한 후 학생들에게 생각할 시간을 적당히 주고 기다려라.
- 다양한 종류의 질문을 부여하라.
- 질문을 할 때 개개 학생들의 이름으로 호명하라.
- 판단이나 비판을 금하라(pp. 207-209).

목소리의 억양, 얼굴 표정, 몸짓, 이 밖의 비언어적 신호 역시 편안하고 비위협적이며 모험을 감수할 수 있도록 학생들을 격려하는 데 매우 중요하다. 학생 친화적인 분위기를 조성하는 것은 탐구 기반 교실의 성공을 이끄는 데 필수적이다. 상호 지지적이고 존중하는 교사와 학생 간의 관계 역시 무엇보다 중요하다.

Maker와 Nielson(1996)은 교사와 학생들에 의해 제기된 의도적이고 시기적절한 질문을 통하여 도전적인 아이디어를 탐구할 수 있도록 적절한 분위기를 조성하기 위해서는 무엇보다 교사와 학생 간의 열린 관계가 중요하다고 지적한다. 이러한 분위기가 형성되었는가를 인식하는 주요 단서는 학생들이 일련의 탐구와 질문에 어떻게 반응하는지를 살피는 것이다. 학생들의 방어적인 반응은 상호 존중이나 개방이 아직 형성되지 않았음을 의미하는데, 이러한 경우 교사는 그러한 분위기 조성을 위해 더욱 힘써야 하며, 학생들에게 덜 위협적으로 느끼게 다가가야 한다.

[그림 2] 학생의 대답에 대한 교사의 반응

바람직한 반응	상투적인 반응
그래, 그럴 수도 있겠구나.	그래.
네가 무슨 말을 하는지 알겠다.	알았어.
난 그런 것을 미처 생각해 보지 못했네.	오케이.
오! 그거 정말 말 되네.	좋아.

출처: *Curriculum Development and Teaching Strategies for Gifted Learners* (p. 48). by C. J. Maker & A. Nielson, 1996, Austin, TX: PRO-ED에서 인용.

질문의 목적에 적절한 반응이 주어지는 것이 중요한 것처럼, 교사의 반응 역시 중요하다. 학생들의 반응을 이끌어 내기 위해서 교사는 판에 박힌 반응을 가급적 피해야 하는데, 이러한 반응은 학생들로 하여금 그들의 반응이 그다지 가치롭지 않다는 메시지를 줄 수 있기 때문이다. 역으로, 언제 어떻게 교사가 반응해야 하는가에 관한 교사의 신중한 주의는 학생들에게 그들의 아이디어가 가치롭고 중요하다는 인식을 심어 줄 수 있다([그림 2] 참조). 만약 질문의 목적이 가능한 많은 학생들의 반응을 이끌어 내는 것이라면(예: 브레인스토밍), 교사는 가능한 학생들의 반응을 평가하거나 판단해서는 안 될 것이다. '정답'임을 시사하는 교사의 반응은 교사가 미리 정해 놓은 답이 있다는 것을 학생들에게 은연 중 암시함으로써 다양한 아이디어를 도출하는 데 요구되는 열린 분위기 형성을 저해한다. 따라서 브레인스토밍 등의 활동에서는 이러한 반응을 삼가야 학생들의 참여를 보다 활성화하고 사고의 제한을 막을 수 있다(Maker & Nielson, 1996; Strasser, 1967).

적절한 질문 만들기

Hyman(1979)은 교사가 전략적 질문을 위한 활동 계획을 세울 것을 제안하고 있다. 교사는 특정 질문을 하는 이유를 알고 있어야 질문을 할 때 학생들로부터 무엇을 기대할 것인가를 알 수 있을 것이다. 학생과 교사의 상호작용은 워낙 복잡하고 예측 불가능하기 때문에 토론이나 수업을 위한 사전 준비나 계획이 필요하다. 그러나 이것은 교사로 하여금 구체적으로 수업의 어느 시점에 정확하게 어떤 질문을 던질 것인지 사전에 치밀하게 계획하라는 것을 의미하지는 않는다. 이는 학생의 상호작용에 따라 학습이 어디로 흐를 것인지, 그리고 구체적으로 던져진 질문들이 수업 상황을 어떻게 바꾸고 심화시키며 또는 확장할 것인지를 교사가 파악하여 학습의 흐름을 인식하여야 한다는 것을 의미하는 것이다. 언제 그리고 왜 어떠한 질문을 할 것인가를 아는 것은 교사의 노력과 경험에 의해 연마되는 기술이다. Hyman은 질문을 할 때 교사가 다음과 같은 구체적인 전략을 활용할 것을 제안한다([그림 3] 참조).

[그림 3] 질문을 위한 일반적인 전략

전략	설명	제안	예시	
혼합 전략	교사는 의도적으로 다양한 종류의 질문을 다채롭게 활용하는데, 이때 가급적 같은 종류의 질문은 삼가고 다양한 인지적 요인들을 포함시킨다.	다양한 인지 과정이 있음을 인정하라.	1. 개념적인 (의미를 부여하는) 2. 경험적인 (인식이나 관찰에 따라 반응을 제공하는) 3. 평가적인 (가치 판단) 4. 형이상학의 (도덕적/윤리적인)	1. 무엇이 비폭력적인 투쟁인가? 2. 세계는 다른 문화들에 대하여 점점 더 관용적이 되어 가는가? 3. 운전을 할 수 있는 법적인 나이가 높아져야 하는가? 4. 인간은 세계평화를 위해 투쟁해야 하는가, 아니면 마찰을 빚는 것은 인간의 본성인가?
		질문의 종류 (세 가지)	• 예/아니요 질문 • 선택적 반응 질문(셰익스피어를 좋아하니, 아니면 멜빌을 좋아하니?) • 구조적 질문(이 소설의 결말에 대한 너의 의견을 말해 봐라.)	

[그림 3] 질문을 위한 일반적인 전략 (계속)

전략	설명	제안	예시
절정 전략	한 학생에게 질문을 하고 관련된 질문을 계속해서 제기한다. 그 다음 다른 학생에게 질문한다.	간단한 질문(지식 혹은 사실적 질문)부터 좀 더 복잡한 질문(결론, 평가 등)을 진행하라.	1. 베트남 전쟁이 언제였니?(사실적) 2. 베트남 전쟁과 Desert Strom을 비교하여라(비교). 3. 왜 베트남 전쟁이 발생했는가?(원인) 4. 베트남 전쟁을 통해서 우리 정부는 어떤 시사점을 찾을 수 있는가? (결론, 일반화, 사실로부터의 추론)
고원 전략	교사는 4명의 학생에게 동일한 종류의 일련의 질문을 던진다. 그런 다음 그 4명의 학생에게 다음 수준의 질문을 제기한다.	이 전략은 각 질문 수준에서 토론이 충분히 이루어지기 전까지 탐색하는 질문을 활용함으로써 다양한 반응을 도출할 수 있다.	A. 철수야, 인권선언에서 제기된 인권 중 하나가 무엇이지? B. 민희야, 또 다른 인권은 뭐니? C. 경희야, 또 다른 인권 중 생각나는 것 없니? D. 규식아, 애들이 말한 것 이외에 더 생각나거나 빠진 것이 없니?
		그 다음 교사는 동일한 학생들에게 좀 더 어려운 수준의 질문을 제기한다.	A. 철수야, 네가 말한 인권의 목적이 뭐지? B. 민희야, 세 번째 권리의 목적이 무엇인지 설명해 보겠니? C. 경희야, 무기를 소유할 권리의 목적은 무엇일까? D. 규식아, 공정한 재판을 받을 권리의 목적이 무엇이지?

출처: *Strategic Questioning*, by R. Hyman, 1979, Englewood Cliffs, NJ: Prentice Hall.

질문의 종류

창의적, 비판적, 상위 수준의 사고를 유도하기 위해 교사가 사용할 수 있는 다양한 종류의 질문들이 있다. 가장 많이 추천되는 것은 확산적 사고 질문인데, 이 질문은 하나의 수렴적 정답을 넘어서 학생들이 하나의 아이디어를 보다 깊이 파고들 수 있게 한다. 이러한 질문은 대개 의도적으로 학생 중심의 토론을 이끌 수 있도록 열린 형식을 따른다(Grambo, 1997; Letzter, 1982; Pollack, 1988). Letzter는 "교사의 질문은 폭넓고 열려 있어서 학생들이 자신들의 생각을 자유롭게 표현할 수 있어야 한다. … 그리고 만약 이러한 일련의 질문들이 잘 활용된다면 학생들은 문제나 주제에 대해 스스로 분석할 수 있는 능력을 갖추게 될 것이다."(p. 195)라고 언급하고 있다. 열린 질문의 활용은 학생들의 반응을 평가함에 있어 구체적인 기준의 부족으로 인해 교사들에게 다소 부담스러울 수 있으나, 교사는 이러한 일련의 탐구 활동이 정기적으로 이루어지도록 하기 위해 의미 있고 의도적인 학습의 기회를 부단히 제공해야 한다. 목적은 정답 그 자체가 아니라 답에 이르는 학습의 과정을 가치롭게 여기는 학습환경의 조성인 것이다(Pollack, p. 4).

다른 종류의 질문들은 해석, 비교·분석, 종합, 평가, 문제에 대한 민감성, 명료화 등을 포함하는, 호기심을 유발하고 가설적인 특성의 질문들이다. 이러한 질문은 주의 깊게 읽기, 듣기, 보기를 격려하며 학생들로 하여금 새로운 관계를 보게 한다(Feldhusen, 1994). 교사는 질문을 구조화할 때 학생들이 어떠한 사고 과정을 사용하기를 바라는지 파악하고 있어야 한다. 따라서 Feldhusen은 다양한 사고 과정, 즉 기억/인지, 수렴, 확산, 평가 등을 도출하기 위해 다양한 종류의 질문을 활용할 것을 제안한다(p. 173). 유사한 맥락에서, 교사는 어느 시점에서 재검토나 리뷰가 필요한지도 파악할 수 있어야 한다(Maker & Nielson, 1996).

발견적 학습전략

발견적 학습전략은 학생들의 창의적 사고를 계발하는 데 매우 유용한 도구이다(Callahan, 1978). 이러한 전략 중 하나는 속성열거법인데, 이것은 어떤 것을 변화 또는 향상시키기 위한 아이디어를 생성하고 어떻게 그러한 변화를 시행할 것인가 등의 활동에 질문을 활용하는 전략이다. 속성열거는 주어진 사물의 특성, 부분, 요소 등의 리스트를 생성하는 것을 포함한다. 예를 들어 차의 속성은 엔진, 타이어, 본체, 뼈대, 내부 구조, 의자 등이 열거될 수 있다.

속성열거법과 유사한 형태학적 분석법은 기존 요소들을 새로운

[그림 4] Callahan의 질문

다른 사용법	다음처럼 활용할 수 있을까?
적용	이것은 그 밖에 무엇과 같은가?
수정	어떤 새로운 전환이 모색될 수 있는가?
확대	무엇이 더 더해질 수 있는가?
축소	무엇이 더 생략될 수 있는가?
대체	그 밖에 무엇을 할 수 있는가?
재배치	다른 순서를 활용할 수 있는가?
전도	반대로 할 수 있는가?
조합	요소들이 혼합될 수 있는가?
변환	형태를 다른 방식으로 변화할 수 있는가?

출처: *Developing Creativity in the Gifted and Talented* (pp. 30–31), by C. Callahan, 1978, Reston, VA: Council for Exceptional Children.

방식으로 조합하여 새로운 물건이나 산출물을 만드는 것을 포함한다(Manktelow, 2003). 이 방식에서는 앞에서 언급한 자동차의 요소들이 한 매트릭스의 가장 위 칸에 위치하게 되고, 아래로 이 요소들에 대한 다양한 변형안들이 제안되며, 이러한 활동을 통해 한 문제 혹은 가능한 해결책에 대한 다양한 아이디어들이 제기될 수 있다. Callahan은 속성열거법이나 형태분석법 등 브레인스토밍 활동에서 학생들의 사고를 자극할 수 있는 질문의 리스트를 [그림 4]와 같이 제시하고 있다.

Callahan의 전략은 확산적 사고, 직관, 독창성, 상상력 등을 통해 창의성을 계발시킨다는 점에서 Eberle의 SCAMPER 모델과 유사하다(Glenn, 1997). SCAMPER 모델 역시 학생들로 하여금 하나의 사

[그림 5] SCAMPER

사고 과정	과정의 목적
대체	사물이나 사람이 다른 위치나 용도를 갖게 된다.
결합	요소들이 제품을 향상시키는 방향으로 결합된다.
적용	특정 기능이나 필요를 위해 제품의 사용법을 전환하거나 변경하여 사용하기
수정/확대/축소	길이, 무게, 속도, 높이, 넓이 등에 따라 다른 용도나 필요를 고려하여 형태를 크기, 모양 등에서 확대하거나 축소한다.
제거	사물의 기능에 대한 다른 활용법들이 모색된다.
다른 용도로 활용하기	원래 포함되어 있는 요소나 측면 없이 사물을 재조명한다. 그러한 상태에서 제품이 얼마나 더 유용하고 또 대안적으로 사용될 수 있는지 평가한다.
전도 또는 재배치	배치, 비전, 또는 아이디어나 사물의 개념 변형을 통해서 제품을 다른 목적으로 활용하거나 변화를 통한 향상을 추구한다.

출처: *Scamper*, by B. Eberle, 1995, Waco, TX: Prufrock Press.

물 또는 아이디어에 대하여 다양한 대안적 사고를 할 수 있게 한다 ([그림 5] 참조). 예를 들어, 학생들은 휴대전화가 어떻게 더 향상될 수 있을까, 또는 새로운 시장을 개척하고 활용법을 모색할 수 있을까 등을 고려하게 된다. 무엇이 휴대전화로 대체될 수 있을까? 아마도 라디오, TV, 휴대용 디지털 포트폴리오, 비디오카메라일 것이다. 이 제품은 어떻게 다른 제품과 결합될 수 있을까? 아마도 팩스, 휴대용

스캐너, 위치 추적기, 컴퓨터와 결합될 수 있을 것이다. 학생들은 이와 같이 휴대폰에 대한 새로운 가능성을 탐색하는 데 SCAMPER의 요소들을 활용할 수 있을 것이다.

해석적 질문

해석적 질문 역시 학생들이 비판적으로 사고하게끔 유도한다(Wolf, 1997). 생략된 정보를 채워넣거나 대안에 맞게 해결책을 수정하는 대신 "해석적 질문은 학생들이 정보나 상황의 결과나 결론을 이해하고 유추할 수 있어야 한다고 제안한다"(Wolf, p. 3). 예를 들어, 미술 교사는 학생에게 초상화를 살펴본 후 어떤 요인들을 삭제하면 이미지가 어떻게 변할 것인지 생각해 보게 한다. 해석적 질문은, 만약 대학에 다니지 않았다면 혹은 어린 나이에 결혼을 선택했더라면 그들의 삶이 어떻게 달라졌을까 등을 생각하게 하면서, 학생들로 하여금 변화가 어떻게 상황에 영향을 미치는지를 고려하도록 유도한다.

반성적 질문

반성적 질문은([그림 6] 참조) 학생들이 자신의 사고 과정을 잘 숙고하여 초인지적으로 자신의 전략을 점검하게 한다. 학습 도중과 후에 질문을 던짐으로써 교사는 학생의 상황을 점검할 수 있고, 이는 앞으로의 수고에 큰 도움이 된다(Maker & Nielson, 1996). 수업 토론 중의 의미 있는 아이디어 교환이 반성적 사고와 질문을 통해 일어날 수

[그림 6] 반성적 질문

- 이 프로젝트에서 너의 작업을 점검하고 작가로서 너의 성장 정도를 논의하여라.
- 이 활동에 대한 너의 태도를 논의하고 그동안 영어로 했던 다른 활동들과 어떠한 부분에서 차이가 날 수 있었는지 토의하여라.
- 이번 학기의 너의 목표를 뒤돌아볼 때, 네가 성취한 것과 성취하지 못한 것들을 점검하고 논의하여라. 왜 어떤 목표들은 달성 가능했으며 어떤 것들은 그렇지 못했는지, 그리고 이번 학기 너의 선택이 이러한 목표를 성취하는 데 어떠한 영향을 미쳤는지도 잘 숙고해 보아라.

있는데, 불명확한 아이디어를 명확히 하기 위해 교사는 언제 어떤 종류의 추가적 질문을 던질 것인지를 주의 깊게 계획하여야 한다(Will, 1987).

반성적 질문은 대화를 유도하고 기본 가정들을 점검하는 데 효과적인 방법이기도 하다(Wolf, 1997). 학생들은 반드시 어떻게, 왜 그들의 사고가 그러한지를, 그리고 그들이 무슨 이유로 그러한 결론에 도달했는지를 잘 숙고하도록 배워야 한다. 이러한 방식으로 교사는 학습에서 학생들의 아이디어 탐구에 초점을 맞추고 한층 진보된 토론을 유도할 수 있으며, 또한 학생의 진술을 그들의 사고를 더 깊게 생각해 보도록 유도하는 질문으로 전환할 수도 있다.

정보의 타당도와 신뢰도 질문하기

Gallagher와 Gallagher(1994)에 의하면, 교사는 학생들이 정보를 정확하게 알고 있는지의 여부를 파악하고 평가하기 위해 학생들에게 질문을 던진다. 최신 기술을 통해 정보로의 접근이 매우 용이한 요즘, 학생들은 간혹 인터넷이 주는 심미적 뉘앙스에 주의가 흐트러져 정보의 신뢰성과 신빙성을 간과할 수 있다.

O'Reilly에 의해 개발된 PROP 방법(Gallagher & Gallagher, 1994)은 학생들에게 상충하는 정보를 분석하는 방법을 제공한다. 학생들은 그 출처가 1차 출처인가 2차 출처인가(P—primary or secondary), 그 출처가 정보를 왜곡할 이유를 가지고 있는가의 여부(R—reason to distort information), 그 진술을 지지하는 다른 증거 자료가 있는지의 여부(O—other evidence exists), 그리고 기록 속의 정보가 공식적인가 혹은 사적으로 표현되었는가의 여부(P—public or private statement)를 고려하여야 한다. 이러한 과정은 그 진술의 목적과 왜 그러한 정보가 제공되었는가의 여부를 파악할 수 있게 한다.

정보의 이러한 측면들에 대한 질문을 제기함으로써 학생들은 보다 분별력 있는 어린이 정보 소비자가 될 수 있으며, 이는 궁극적으로 향후 개인적 · 직업적 삶에 있어 그들의 의사결정에도 긍정적으로 영향을 미칠 것이다.

질문을 위한 모델

교사들의 질문 사용을 위해 몇 가지의 모델이 개발되었다. 고대 그리스 시대부터 지금까지, 교육자들은 탐색적 질문과 진리에 대한 추구를 통한 학습의 촉진자로서의 소크라테스의 전통을 채택해 왔다. 예를 들어, Junior Great Book 프로그램은 소크라테스식 질문을 기반으로 만들어졌다. 보다 근대의 기여자로는 Benjamin Bloom을 들 수 있는데, 그 역시 교사들이 어떻게 인지 수준에 따라 학습을 구조화해야 하는가에 지대한 영향을 끼쳤다. 보다 최근에는 de Bono (1999), Winocur과 Maurer(1997) 등이 구체적인 사고전략을 위한 제안을 하고 있다. 이러한 전략적 사고 모델에서는 의도적인 질문들과 함께 비판적 사고 계발을 위한 전략적 계획들이 활용될 때 학생들에게서 긍정적인 결과가 제시되는 것으로 나타나고 있다.

학자들에 의해 제안된 이러한 모델과 사고전략들을 살펴보는 것은 영재 교사들이 영재아를 위한 적절한 교수전략을 설계하는 데 유용할 것으로 사료된다.

Bloom의 위계 모형

1950년대 중반에 출판된 이래 Bloom의 위계 모형은 모든 능력 수준의 학생들에게 인지적 도전을 제공함에 있어 하나의 가이드라인 역할을 담당해 왔다. 영재 학생들의 능력과 요구로 인해, 영재 교사들은 지식, 이해 등 하위 인지 목표들보다는 상대적으로 분석, 적용, 평가 등 상위 사고력과 관련된 인지 목표들에 더 강조점을 두면서 이 모형을 사용해 왔다. 유사하게 영재 학생들을 위한 질문전략도 이러한 가이드라인을 따라야 하는데, 교사와 학생은 상위 수준의 질문을 주로 활용한다. 효과적인 질문에 능숙해지기 위해서 교사는 Bloom의 위계 모형([그림 7] 참조)을 활용함으로써 학생들의 질문 활용 수준을 측정하고 질문가로서 성장이 필요한 영역을 가늠해 볼 수 있다.

Gallagher(1985), Patterson(1973), Pollack(1988), Wolf(1997)는 각 단계에서 질문을 어떻게 구조화할 것인가를 파악하기 위해서 Bloom의 위계 모형을 사용할 것을 강조한 바 있는데, 영재아들을 위한 상위 수준 질문으로는 주로 적용, 분석, 종합, 평가 수준에 초점을 맞추고 있다([그림 8] 참조).

교사들은 자신의 수업을 꾸려 나가면서 다양한 질문을 활용할 수 있다. 질문은 [그림 7]에 제시된 순서대로 제시될 수도 있고, 수업에 가장 적절한 방식과 순서로 상황에 따라 질문들이 포함될 수도 있다. 반성적 질문은 초인지적 기능 때문에 마무리 질문이나 한 단원의 끝 또는 토론에서 최종적 질문으로 유용하다.

학생들은 이러한 질문들에 서로서로 짝을 이루거나 소그룹으로 반 전체 토의에서 혹은 교사와의 미팅에서 상대방이나 다른 학생들

[그림 7] Bloom의 인지 영역 교육 목표에 대한 위계 모형

목표	해당 동사
지식	나열하다, 정의하다, 말하다, 설명하다, 증명하다, 보이다, 명명하다, 모으다, 점검하다, 표로 만들다, 인용하다
이해	요약하다, 설명하다, 해석하다, 대조하다, 예측하다, 연합하다, 구별하다, 추정하다, 차별화하다, 토론하다, 확장하다
적용	적용하다, 증명하다, 계산하다, 완성하다, 예증하다, 보이다, 풀다, 조사하다, 수정하다, 연관 짓다, 바꾸다, 분류하다, 실험하다, 발견하다
분석	분석하다, 분리하다, 배열하다, 설명하다, 연결하다, 분류하다, 배치하다, 나누다, 비유하다, 선택하다, 추론하다
종합	결합하다, 통합하다, 수정하다, 재배치하다, 대체하다, 계획하다, 창조하다, 설계하다, 발명하다, 만약에…?, 구성하다, 공식화하다, 준비하다, 일반화하다, 다시 쓰다
평가	평가하다, 결정하다, 순위 매기다, 점수 매기다, 테스트하다, 측정하다, 추천하다, 확신시키다, 선택하다, 판단하다, 설명하다, 구별하다, 지지하다, 결론 내리다, 비유하다, 요약하다

출처: *Taxonomy of Educational Objectives: The Classification of Educational Goals. Handbook I: Cognitive Domain*. by B. S. Bloom(Ed.), 1956, New York: Longmans, Green.

의 반응을 공유할 수 있는 기회를 제공받아야 한다. 나아가 학생들은 교실이나 그 밖의 상황에서 그들에게 중요한 이슈들을 탐구하면서 여러 질문 수준에서 스스로 다양한 질문을 만들어 보도록 격려되어야 한다.

[그림 8] 질문의 범위

추론 질문
- 이 사진을 보면서 무엇을 알 수 있니?
- 이 책의 인물들에 대해서 무엇을 알 수 있을까?
- 어느 시대에 이것이 쓰였을까?
- 어떤 맥락적 단서가 이를 지지한다고 생각하니?

해석 질문
- 〈주홍 글씨〉에서 인물의 묘사는 어떤 식으로 저자의 의도를 드러내는가?
- 단조가 아니라 장조로 이 곡이 쓰였다면 이 음악이 어떻게 다르게 느껴졌을까?
- 플라스틱이 아니라 유리로 만들어졌다면 이 작품이 어떻게 달라졌을까?

전환 질문
- 로크라면 이 정치적 스캔들을 어떻게 표현했을까?
- 근대 음악가들은 이 고전 작품을 어떻게 해석할까?
- 간디는 이 분쟁을 어떻게 해결해야 한다고 제안했을까?

가설에 관한 질문
- 링컨이 게티스버그 연설을 하지 않았더라면 역사는 어떻게 달라졌을까?
- 최근의 사회, 정치적 이슈를 토대로 미래의 영화, 소설, 연극들이 어떨지 생각해 봐라.
- 만약 셰익스피어의 작품이 명성을 얻지 못했더라면 문학은 어떻게 달라졌을까?

반성적 질문
- 내가 여전히 알지 못하는 개념은 무엇인가?
- 나의 과업 중 향상된 것은 무엇이고 향상이 필요한 것은 또 무엇인가?
- 나의 과업 중 어느 부분이 이 개념에 대한 이해 정도를 반영하는가?
- 이 일은 나에 대해서 무엇을 말하고 있는가?

출처: "The Art of Questioning" by D. Wolf, 1987, *Academic Connections*, Winter, p. 3.

Gallagher와 Gallagher(1994)는 교사들이 상위 수준 사고력을 계획함에 있어 Guilford의 지능 구조 모형의 개념을 염두에 둘 것을 제안한 바 있다. 이 모형에서 질문의 종류는 지식 등 낮은 수준의 질문부터 인지를 촉진하는 확산적 사고 그리고 궁극적으로 수렴적 사고에 이르는 질문까지 그 범위가 넓다.

인지 영역에서의 질문과 함께 정서 영역에서의 질문도 매우 중요하다(Krathwohl, Bloom, & Maria, 1964; [그림 9]와 [그림 10] 참조).

[그림 9] 정서 영역에서의 질문

수준	하위 범주
받아들이기(참여하기)	인식하기 기꺼이 받아들이기 통제 또는 선택적 주의
반응하기	반응에의 묵인 기꺼이 반응(응답)하기 반응에 대한 만족
가치 판단하기	가치 받아들이기 가치에 대한 선호 책임감
구조화하기	가치의 개념화 가치 시스템의 구조화
가치, 가치의 복잡함에 대한 묘사	일반화 묘사

출처: *Involving Students in Questioning*, by P. Hunkins, 1976, Boston: Allyn and Bacon.

[그림 10] 정의적 영역의 질문 문구와 예시

수준	핵심 어구	질문 예시
받아들이기 (참여하기)	…을 인식하고 있니? …을 알고 있니? …을 들어 봤니? …을 인정하니? …을 받아들이니? …에 관심 있니? …을 하고 싶니?	• 이 유명 미술작품 중에서 아는 것이 있니? • 이 미술작품 중에 네가 더 알고 싶은 작품을 말해 봐. • 다른 학생들은 미술작품과 관련 작가들을 포함한 문학작품에 대하여 더 알고 싶어 하는데, 너도 이런 활동에 관심이 있니?
반응하기	어떻게 하는지 기록하라. 너는 …에 공헌했니? 무엇인지 지적하라/ 나타내라. …을 관찰했니? …을 알아냈니?	• 다음 중 어떤 것이 집에서 하고 싶은 활동이니? 저널링, 편집하기, 읽기 • William James에 의하면 사람들은 어느 회사에 다니느냐에 따라 다르게 행동한다고 한다. 너는 이 말에 동의하니, 동의하지 않니, 아니면 중간적인 입장이니? • 이 사진을 보고 너의 느낌을 적어 보아라.

[그림 10] 정의적 영역의 질문 문구와 예시 (계속)

수준	핵심 어구	질문 예시
가치 판단하기	…에 대해서 책임을 느끼니? …을 나열하라. 너의 입장을 옹호해 봐라. …에 성실했는가? …의 순서를 정해 보아라. …에 열심히 참여했는가?	• 〈맥베스〉에서 어떤 인물이 가장 책임감 있다고 생각되니? • 만약 생존했건 이미 죽었건 간에 미국 대통령 중의 한 사람과 30분 동안 시간을 보낼 수 있다면, 네가 가장 만나고 싶은 사람이 누구니?
구조화하기	너의 생각에… 네가 생각할 때… 설명해 주겠니? 대안을 생각해 보았니? 너 자신의 말로 표현되었니?	• 우리가 지금 본 그 영화에 근거해서 주인공의 어떤 행동을 고결하다고 생각하고, 어떤 행동은 그렇지 않은지 설명해 보아라. • 최근 우리나라의 대외 관계를 살펴볼 때, 우리나라가 높은 도덕 관념을 갖고 그렇게 하고 있다고 생각하니?
가치, 가치의 복잡함에 대한 묘사	…을 확신하니? …을 하고 싶니? 어떻게 생각하니? 이게 너의 철학이니? …을 지적하라.	• 스페인어를 말하는 나라에서 온 새 학생이 다음 주 우리 반에 올 거야. 너는 이 학생이 우리 반에 적응하도록 어떻게 도울 생각이니? • 다음의 인생 목표 중 너의 인생에서 추구하고 싶은 것은 무엇이니?

출처: *Involving Students in Questioning*, by P. Hunkins, 1976, Boston: Allyn and Bacon.

이는 아이들을 지도하는 것이 인지 영역과 정서 영역으로 구분되어야 하는 것을 의미하는 것이 아니라, 정서 영역의 질문이 학습 과정의 일부분이 되게 함으로써 학생들이 인지 영역에서 정보를 처리할 때 가치 시스템 등에 관해서도 생각하도록 격려하는 것이 중요함을 시사하는 것이다.

Junior Great Books

가장 성공적이고 자주 인용되는 질문 모형 중 하나는 Junior Great Books(JGB) 프로그램이다. 이는 독서와 토론 형태의 프로그램으로 교사는 질문을 통해 토론을 이끈다([그림 11] 참조). JGB는 소크라테스식 세미나 모델에 토대를 두고 있으며, 학생 참가자들은 동그랗게 모여 "다양한 대답이 나올 수 있는 흥미를 불러일으키는 교사의 질문"들을 중심으로 읽은 내용을 토론한다(Ball & Brewer, 2000, p. 1). 주어진 내용을 서로 논의하는 과정에서 교사는 촉진자 또는 안내자의 역할을 하면서 학생들의 아이디어를 명확히 하고 또 확장하도록 돕는다.

학생들에게 답을 제시하기보다는 진실 탐구와 자아 인식을 격려하기 위해 질문을 제기하는 소크라테스의 방식에 근거하여, 이 모델은 교실 안에서 학습 커뮤니티를 형성하는 기회를 제공하기 때문에 학생들을 교실 토론에 참여시키는 데 매우 성공적인 것으로 평가된다. 학생들은 읽기 자료나 이슈의 복잡함을 탐구하면서 서로서로 사회적 관계를 형성하게 된다. 소크라테스식 세미나를 통해 형성된 관

[그림 11] Junior Great Books

사실적 질문	• 누가? • 어디서? • 언제?
평가적 질문	• 이 이야기에 대해서 어떻게 생각하니? • …에 동의하니? 또는 동의하지 않니? • 너라면 이러한 상황에서 똑같은 결정을 할 거니? • 주인공이 느낀 것처럼 느껴 본 적이 있니? 있다면 언제 그렇게 느꼈니? • 이 이야기는 어떻게 될 거라고 생각했니? • 결말에 대하여 어떻게 생각하니?
해석적 질문	• 이 텍스트에 대한 언급을 지지할 수 있니? • 저자는 자신의 글 어디에서 또 …를 제안하니? • 이 문단을 쓴 저자에 따르면 … 해야만 하니?

출처: *Instructional Strategies for Teaching the Gifted* (pp. 192-193), by J. Parker, 1989, Boston: Allyn & Bacon.

계는 학생들로 하여금 이전의 논의나 읽은 내용을 토론 중 새롭게 불거져 나온 아이디어나 개념에 연결시키면서 정보의 양을 확장하게 한다.

학생들은 또한 이러한 과정에서 말하기나 듣기에도 더 능숙해지게 되는데, 이러한 기술들은 교사가 강의로 교실을 독점하여 학생들의 의미 있는 참여나 학생들 간의 의미 있는 상호작용의 기회가 매우 적은 전통적인 교사 중심의 환경에서는 종종 무시되어 왔다고 볼 수 있다. 아마도 소크라테스식 세미나의 가장 역동적인 측면은 학생들이 아이디어의 생성과 제시에서 그들에게 부여된 주도권이라고 볼 수 있다. 이러한 과정에서 학생들은 다른 사람의 아이디어를 공격하지 않고도 상대방의 반대 의견을 공유하는 것을 배우면서 건설적인 비판의 기술을 단련하게 된다. 나아가 학생들은 자신의 견해를 지지할 논리적인 생각들을 제시하는 방법을 배우게 되며, 동시에 다른 아이들이나 자신의 사고에서의 논리의 부재를 감지하는 비판적인 귀를 갖게 된다. 교사가 세미나의 속도, 질문, 읽을거리의 선택 등을 인도할 수는 있지만, 학생들은 토론을 위해 주어진 90분의 시간 동안 제시하는 아이디어와 말하는 시간 등을 주도적으로 관리할 수 있다. 90분이란 시간 동안, 학생들은 아이디어를 공유하고 다른 친구들의 의견에 반응하면서 토론을 주도하게 되는 것이다.

Parker(1989)는 JGB 프로그램이 공유된 탐구와 문학을 가르치는 질적으로 차별화된 모델로 영재들에게 특히 적합하며, 질문전략을 활용하는 교수 모형 중 가장 이상적인 것 중의 하나로 소개하고 있다(p. 192). JGB 프로그램은 사실적 · 평가적 · 해석적 질문이라는 세 가지 종류의 질문을 활용한다([그림 11] 참조). 사실적 질문은 수렴적 질문으로 이야기 속에 주어진 정보로부터 바로 해답을 찾을 수 있다. 해답은 논란의 여지가 없이 사실적이다. 평가적 질문은 학생들로 하여금 자신의 개인적 경험이나 태도를 고려해 보도록 요구한다. 질문은 학생의 이야기에 대한 지식에 의존하나, 이야기로부터 바로 답을 찾을 필요는 없다. 해석적 질문은 JGB 프로그램에서 가장 강조되고 많이 활용되는 종류의 질문으로서, 독자의 직관적 사고와 이야기로부터 얻은 정보를 활용하여 확산적 사고를 하도록 유도한다(Parker, p. 192).

이 프로그램은 토론을 수행할 가이드라인을 제공하는데, 교사가 개발한 기초적인 질문들에서 시작하여 학생들 간에 논쟁적 토론을 이끌 해석적 질문에 다다르게 된다. 그 다음 학생들에게 기초적 질문의 의미를 탐색하고, 반응을 지지하고, 사실적 실수를 수정하고, 추가 반응이나 의견을 도출하고, 토론을 격려하고, 진술을 명료화하고, 반응에서 가장 중요한 아이디어를 제기하고, 참여자들에게 그들의 반응을 검토하도록 격려하고, 혹은 토론에서 다시 책의 내용으로 돌아가서 정보를 찾아보게 하는 후속 질문을 하게 된다(Parker, 1989, p. 193). 이는 시작하기에 매우 도전적인 프로그램이기 때문에, JGB는 교사들이 이러한 기술에 전문성을 가질 수 있도록 기초와 심화 과정의 워크숍을 제공한다.

소크라테스식 세미나에 익숙하지 않은 교사들이 토론을 위해 질문을 구조화하는 것은 이 전략의 가장 도전적인 측면일 수 있다. Ball과 Brewer(2000)는 교사들이 보다 원활한 토론을 위해 의도적인 질문 개발을 위한 구체적인 가이드라인을 따를 것을 제안한다. 첫째, 교사는 의미 있는 인용에 유념하고 토론에서 다뤄져야 할 이슈들을 자세히 기록하면서 내용을 주의 깊게 읽어야 한다. 이 리스트는 세미나를 위한 질문 개발에 기초 자료로 활용될 수 있다. Ball과 Brewer는 다음 세 종류의 질문을 개발할 것을 제안한다—시작, 핵심, 마무리.

시작을 위한 질문은 광범위하고 기초적이어야 한다. 시작 질문을 던지는 목적은 학생들에게 질문과 반응에 대한 증거를 제공하는 내용 사이를 연결시켜 주기 위함이다. 이러한 질문은 학생들로부터 다양한 반응을 이끌어 낼 수 있으며, 학생들의 지적 수준이나 읽은 내용의 길이 혹은 복잡함의 정도에 따라 수업시간의 15~45분 정도를 소요할 수 있다. 교사는 '예', '아니요'를 유발하는 질문은 가급적 시작 질문 단계에서는 피해야 하며, 참여를 유도하고 통찰력 있고 주목할 만한 질문을 던지도록 해야 하고, 이를 통해 아이들이 자신의 반응을 지지할 정보를 찾기 위해 읽은 내용을 다시 잘 살펴보도록 유도해야 한다. 교사는 시작 질문 단계에서는 교사의 가치나 입장을 주지시킬 수 있는 판단적 진술을 가급적 회피하여야 한다. Ball과 Brewer는 질문을 만들고 전달함에 있어 중립적 참가자로서의 교사의 역할을 강조하는데, 여기에는 열린 토론을 조성하기 위해서 학생들과 질문을 주고받을 때의 언어적 표현과 비언어적 몸짓 모두에서의 중립을 포함한다고 볼 수 있다. 나아가 교사는 아이디어를 논의할 때 사용하는 언어에도 유의하여야 한다. 가능하면 너무 메마르거나 과한 미사여구의 질문은 가급적 피하는 것이 좋다(Ball & Brewer, p. 63). "맥베스의 주요 인성적 결점은 무엇인가?"(인성적 결점이란 말이 교사의 용어에 포함되는 것은 학생들에게 다소 어려울 수 있음)라고 묻기보다는 "맥베스는 어떤 사람인가?"라고 평범하고 쉽게 묻는 것이 더 일상 대화와 유사하고, 학생들에게도 덜 위협적이며, 학생들로부터 보다 다양한 아이디어를 유도할 수 있도록 폭이 넓고, 교재의 여러 부분에서 그 증거를 찾기에도 용이하다.

핵심 질문은 시작 질문보다 더 초점이 맞춰진 질문으로 그다지 많은 토론시간을 필요로 하지 않는다. Ball과 Brewer(2000)는 토론시간에 읽는 자료의 복잡함과 길이에 따라 세 개에서 여덟 개의 핵심 질문을 포함시킬 것을 제안했다. 구체적인 인용구나 절이 토론, 분석, 해석의 대상이 될 수 있다. 질문은 "이 인용구에서 [화자, 등장인

물, 저자]가 의미하는 것은 무엇인가?" 등으로 시작될 수 있다. 교사는 학생들이 질문을 이해할 수 있도록 교재에서 그 부분의 위치를 말해 준다거나 듣기에 익숙지 않은 학생들을 위해 그 부분을 보여 주거나 시각적 도움을 줄 필요도 있다. 다른 핵심 질문들은 "어떻게", "왜" 등으로 시작될 수 있다. 교사는 학생들의 반응을 주의 깊게 들어야 하며, 제시되는 아이디어에 따라서 후속 질문을 적절히 던질 수 있어야 한다. 만약 학생이 질문에 부분적으로만 응답한다면, 교사는 학생의 아이디어를 근간으로 해서 질문을 재구조화할 수 있어야 한다. "호세의 아이디어를 한번 생각해 보자."라거나 "호세가 …를 이야기했다. 그렇다면 호세야 너는 …를 의미하는 것이니?"라는 표현들이 그 예시가 될 수 있을 것이다. 이렇게 질문을 재구조화하거나 질문의 초점을 조정하는 것은 학생들로 하여금 자신의 아이디어에 대해 계속해서 생각하게 해 주어 유용하다. 토론을 진행해 나가는데 학생들의 아이디어에 초점을 맞춤으로써 교사는 학생들이 토론에서 주도권을 가질 수 있게 하며 또한 권한을 이양하게 되는데, 이는 소크라테스식 세미나의 매우 중요한 특징이기도 하다.

마무리 질문을 만들 때 교사는 내용에서 제기된 이슈를 학생들의 경험과 연계시키려고 노력해야 한다(Ball & Brewer, 2000). 마틴 루터 킹 주니어의 연설 "나는 꿈이 있다"에 근거한 이러한 질문의 예시는 "너의 삶을 통해 볼 때 킹 목사가 말하는 덜 폭력적인 사회가 도래했다고 생각하니?"이다. 이 질문은 학생들의 개인적인 삶 속에서 비폭력 투쟁의 개념을 결부시킨다. 마무리 질문을 개별화하는 데 있어 학생들에게 연계되는 것이 중요하므로 교사는 질문에서 "너" 또는 "우리" 등의 표현을 사용하는 것이 바람직하다(Ball & Brewer, p.

65).

교사는 또한 모든 학생들에게 적용될 수 있는 질문을 만들어야 한다. Ball과 Brewer(2000)는 게티스버그 연설에 대한 마무리 토론에서 교사는 "무엇을 위해서 너의 마지막 헌신을 바치겠느냐?", "너는 무엇을 위해 죽을 것이냐?" 등의 질문은 피하는 것이 좋다고 지적하는데, 이러한 질문은 모든 학생들이 무엇을 위해서 죽을 각오가 되어 있어야 한다는 것을 미리 가정하고 있기 때문이다. 이러한 질문은 그러한 감정을 갖고 있지 않거나 그러한 신념이 없는 학생들을 배제시킬 수도 있다. 따라서 촉진자로서 교사는 "우리 사회에서 사람들은 무엇을 위해 죽을 각오가 되어 있다고 생각하니?" 식의 질문을 던지는 것이 더 바람직할 수 있다(p. 65).

교사는 또한 학생들의 질문을 더 깊게 탐색하는 후속 질문을 던져야 한다([그림 12] 참조). 세미나 내내 학생들이 의미 있고 활발하게 상호작용을 하는 상황이라면 교사는 단 하나의 시작 질문과 마무리 질문을 제시하는 것이 바람직하지만, 경우에 따라서 교사가 학생들의 잘못된 논리를 바로잡거나 엉킨 연결 고리를 풀기 위해서 학생들의 사고를 탐색하는 질문을 던져야 할 때가 있다. 물론 좀 더 학문적 엄격성을 갖고 생각하도록 학생들을 밀어붙여야 하는 때도 있을 수 있다.

그러나 교사가 불필요하게 또는 의무적으로 후속 질문을 던지는 것은 바람직하지 않은데, 이는 학생들로 하여금 자신을 제대로 이해시키지 못하고 있다는 불필요한 오해를 줄 수 있기 때문이다. 후속 질문을 던지는 것을 피하기 위해서 "일반화, 반복적 사고, 잘못된 논리 또는 입증되지 않은 사고"(Ball & Brewer, 2000, p. 66) 등 불완전

[그림 12]

학생 태도	교사 반응
텍스트의 증거 없이 의견을 제시한다.	"텍스트의 어느 부분에서 너의 의견을 지지할 수 있는 부분을 발견할 수 있지?
제공된 추론을 위한 모호하고 명백하지 않은 설명.	"(모호한 절을 다시 말하면서) 무엇을 의미하는 거니?
설명을 길게 한다.	"(간략하게 학생의 아이디어를 제시하면서) …를 말하는 거니?
잘못된 경로를 취한다.	"어떻게 그것을 텍스트의 증거를 갖고 지지할 수 있니? 또는 "이 견해와 다른 의견을 갖고 있는 사람이 있니? 왜 동의하지 않지?"
일반화한다.	"왜 그렇게 말하지?"

출처: *Socratic Seminars in the Block*, by W. Ball & P. Brewer, 2000, Larchmont, NY: Eye on Education.

한 사고의 함정을 피하면서 교재로부터 입증되거나 지지되는 합리적인 반응을 제시해야 함을 강조하는 등, 교사는 세미나 전에 학생들에게 자신이 기대하는 바를 명료하게 전달해야 한다. 만약 학생들이 배운 내용과 연관된 도전적 아이디어와 이슈를 탐색할 자유가 부여되고, 이러한 토론의 형식을 잘 파악하고 있으며, 또 참여자 및 경청자로서의 역할을 잘 이해한다면, 세미나는 학생과 교사에게 강력하고 참여적이며 동기를 북돋는 좋은 경험이 될 수 있을 것이다.

사고 기술을 키워 주는 모델

IMPACT

IMPACT(Increase Maximal Performance by Activating Critical Thinking, 비판적 사고 활성화를 통한 최고의 수행력 증가 프로그램)은 영재 교사들이 여러 교육과정을 통해 학생들의 사고 기술 전환을 유도하고 사고력 도구 사용 능력을 키워, 궁극적으로 학생들의 성취 극대화를 실현시키는 데 활용할 수 있는 포괄적인 프로그램이다([그림 13] 참조). 열린 질문을 통해서 학생들은 사고 능력을 키우게 된다. IMPACT 프로그램을 사용하고 있는 한 학교의 교장은 이 프로그램이 학생들로 하여금 사고 과정에 대하여 지속적인 반성과 숙고를 경험하게 하므로 학생들의 인지 수준을 자연스럽게 향상시킨다고 보고하고 있다(Winocur & Maurer, 1997).

IMPACT는 교육 전반의 다양한 영역에 걸쳐 다양한 목적으로 체계적인 사고 기술을 계발하도록 돕는 전략이다(Winocur & Maurer,

1997). 이 모델의 핵심은 비판적 사고이며, 교사는 교실에서 비판적 사고 개발을 촉진하도록 훈련받는다. 협동학습 상호작용, 인지적 과제를 낮은 단계에서 높은 단계의 순서대로 배열하는 기술, 개념을 구체적 상태에서 추상적 상태의 순서대로 배열하기, 효과적 사고와 태도 보여 주기, 고차원의 인지 기능 촉진을 위한 질문 기법, 사고 촉진 또는 단서 제공, 적절한 추수(follow-up) 질문하기, 그래프 사용하기, 질문에 대한 답을 생각하여 답할 수 있는 적절한 대기시간 주기, 개념과 기술이 한 주제 또는 상황에서 다른 주제나 상황으로 전달되도록 가르치기 등이 이러한 행동에 해당한다.

IMPACT는 학생이 학습을 향상시킬 수 있도록 교사가 학생들의 행동에 방심하지 않도록 도와주는 것 외에도 학생들의 건전한 사고를 유도하기 위하여 설계된 특별한 학습 지도안을 제공한다. 사고의 교수, 사고를 위한 교수, 사고에 관한 교수, 이것은 학생들이 더 나은 비판적 사고를 구축하도록 하는 세 가지 필수 요소이다(Winocur & Maurer, 1997). IMPACT를 이용하여 교사는 문제 해결과 상황을 통한 사고 방법, 비판적 사고를 조장하기 위한 격려하고 지원하는 교실 분위기 조성 방법 그리고 학생들을 자극하여 자신의 사고의 질을 평가하도록 하는 초인지적 토론을 하도록 하는 방법을 사용할 때 어떻게 직접적인 지시를 하는지 배운다.

학생들은 기술, 과정, 운영을 통하여([그림 13] 참조) 비평적 사고 기술을 증진시키도록 자극받는다. 그러나 본질적으로 추상적인 프로그램과 달리, IMPACT는 교사가 구체적으로 사고하고 사고 과정에서 개념에 정통하게 되면서 더 고차원적인 추상적인 수준으로 나아가게 되는 방법을 학생들에게 보여 주는 지침을 제공한다. 이런

[그림 13] IMPACT: 비평적 사고 기술 분야

권한을 부여하는 기술	인식하기	관찰하기
		비교하기/대조하기
	생각하기	그룹화하기/꼬리표 붙이기
		분류하기/범주화하기
	연속적으로 배열하기	배열하기
		일정한 순서로 배열하기
		본을 따라 만들기/패턴화하기
		우선순위 결정하기
과정	분석하기	사실/의견
		관계 있는/무관한 정보
		믿을 만한/믿을 만하지 않은 정보원
	질문하기	추론하기
		진술문의 의미
		원인-결과 관계
		일반화
		예상
		추정
		관점
운영	논리적으로 추론하기	귀납적
		연역적
	평가	판단
		의사결정

출처: "Critical Thinking and Gifted Students: Using IMPACT to Improve Teaching and Learning"(pp. 308-317), by S. Winocur & P. Maurer, in N. Colangelo & G. A. Davis (Eds.), *Handbook of Gifted Education* (2nd ed.), 1997, Boston: Allyn and Bacon.

식으로 교사들은 학생들의 개인적 필요를 기본으로 하여 구체적 수준에서 추상적 수준의 연속체 위에서 작용하는 수업을 개발하면서 학생들의 기술, 과정 또는 운영 수준을 바탕으로, 학생들을 위한 지시를 차별화할 수 있다. 비판적 사고에 대한 이해와 복잡성, 학문적 교육 분야 내에서의 특별한 과업에 대한 성취 및 개념을 한 분야에서 다른 분야로 얼마나 잘 전이했는지 또는 한 영역에서 다른 영역으로 그 기술을 얼마나 잘 동화시켰는지에 따라 학생들의 그룹을 나눌 수 있다. 흑인, 스페인계, 백인 등의 다양한 학생들이 다니는 텍사스에 있는 한 학교에서 IMPACT 모델을 이용하여 학생들을 교육하고 시범을 보이면서 이 모델의 성공을 입증하는 증거가 모아졌다. 이 학교가 속해 있는 교육구의 학생 중 33%는 무료 및 할인된 가격의 점심 급식을 먹고 있고, 8%는 학습장애아를 위한 학생 프로그램을 받고 있으며, 8%는 영재교육 프로그램을 받고 있다. IMPACT 모델을 사용하여 교육하기 전, 이 학교 학생들의 1/3이 주에서 실시하는 수학 시험에 통과하지 못했다 IMPACT 모델을 이용하여 교육을 받은 후 주에서 시행한 읽기, 수학 그리고 시험 전체에서 통과율이 극적으로 증가하였다. 영재 학생들의 성과에 대한 특별한 정보가 제공되지 않았지만, 저자들은 일반 교실에서 IMPACT를 이용하여 영재아를 교육하는 것이 그들이 비판적 사고가로서 성장하는 데 중요한 역할을 하였고, 이 영역에서 계속적으로 발전할 수 있는 기회가 증가되었다고 보고하고 있다(Winocur & Maurer, 1997).

생각하는 모자(Thinking Hats)

Edward de Bono(1970)는 "왜?" 기법(why technique)을 옹호했는데, 학생들은 이 기법을 사용하여 수평 사고(상식, 고정관념의 틀에 얽매이지 않는 사고방식)를 통한 가설적 사고에 도전하도록 격려된다. 이 전략은 "어떤 설명에도 불편함을 느끼도록" 하는 경향이 있다. 그러므로 학습자들은 사고와 지각의 패턴을 재구조화함으로써 개념을 다르게 보려고 시도하면서 성장한다. 궁극적으로 이 기법의 목표는 "왜?"라는 질문을 함으로써 학생들이 추정된 한계에 도전하도록 하는 것이다(de Bono, p. 102).

전통적인 찬성/반대의 제한을 넘어서 사고를 촉진시키기 위하여, de Bono는 그룹 또는 개인이 더 넓은 틀을 통하여 문제, 아이디어, 개념 그리고 어려운 문제를 검토할 방법을 개발하였다. 생각하는 모자(thinking hats)의 이미지를 사용하여, de Bono(1999)는 학생 그룹이 다양한 시각에서 개념을 검토하도록 특별한 기능과 이에 상응하는 색으로 만들어진 모자 여섯 개를 고안했다. 이 여섯 개의 모자 기법은 효과적인 문제 해결 전략으로 인정되고 있기 때문에 모자를 사용하는 방법은 국제적으로 여러 단체에서 널리 채택되고 있다. 교사들은 상황이 내포하고 있는 모든 것을 충분히 고려하고, 어려운 문제에 대한 해결책을 발견하기 위하여 다양한 렌즈를 통해 문제에 접근하는 방법을 학생들에게 가르치면서 이 기법의 가치를 발견할 수 있다.

특정한 색과 특정한 사고 양식이 de Bono의 여섯 개의 모자 각각에 할당되어 있다([그림 14] 참조). 창의적 사고 활동에서 모든 참석

[그림 14] 육색 사고모자

모자 색	상응하는 모자의 기능
흰색	사실, 숫자, 정보에 대한 객관적 사고. 흰색 모자를 쓴 사람들은 정보의 원천과 포괄성 그리고 다른 정보가 필요한지 또는 부족한지를 고려한다.
빨간색	직관적 사고와 느낌을 나타낸다. 참가자는 간략하게 아이디어와 연관된 느낌을 논의하나, 이러한 느낌의 근원이나 장점에 대하여 검토하지 않는다. 모자를 쓴 사람들은 "직감적인 검토"를 하는 것이 허용된다.
노란색	노란색 모자를 쓴 사람들은 특정 제안이 실현 가능한 이유, 가능한 결과가 어떤 것인지를 고려한다. 개념 혹은 아이디어의 제안된 이익을 뒷받침하기 위하여 각각의 긍정적 가치 기술문 뒤에 있는 추론이 논의된다.
검은색	수험자는 어떤 해결책 또는 개념이 왜 효과적이지 않을 수 있는지를, 이러한 사고의 방향을 뒷받침하는 이유를 인용하면서 고려한다. 참가자들은 함정, 잠재적 부정적 영향, 곧 나타날 수 있는 이 문제의 결점을 검토한다.
초록색	이 단계에서 모든 사고자들은 검은색 모자의 관심사를 대처하거나 극복하는 방법을 검토하면서 창의적 사고를 한다. 검은색 모자의 문제를 극복하고 노란색 모자의 관심사를 확고히 하거나 유지하는 방향으로 나아가는 목적을 갖고 대안, 새로운 아이디어, 가능성이 제시된다.
파란색	사고의 관리는 파란색 모자를 쓴 사람들이 자신의 계획의 초점을 확인하고, 생산된 아이디어와 개념을 요약하며, 의도된 결과를 위한 활동 계획을 제공하고 해결책을 향해 나아갈 때 이루어진다.

출처: *Six Thinking Hats*, by E. de Bono, 1999, Boston: Back Bay.

자들은 똑같은 색의 모자를 쓰고 똑같은 형태의 사고를 한다고 생각하며, 주어진 주제에 대한 다음 단계의 사고를 하기 위해서는 다른 색 모자를 쓰게 된다. 이 전략은 그룹 현장 연구 프로젝트를 하는 동안 또는 봉사학습 기회에 활용될 수 있다. 예를 들어, 봉사학습을 하는 동안 학생들은 학교 선거의 낮은 선거 결과에 대처하는 방법을 논의할 때 이 전략을 이용할 수 있다. 이 문제에 대한 대처 방안을 개발하기에 앞서, 학생들은 이 육색 사고모자(6 thinking hats) 전략을 사용하여 관련된 문제를 검토할 수 있다.

우선, 학생들은 얼마나 많은 학생들이 지난 수년간 선거에 참여하였는지, 누가 이러한 사실과 수치를 제공하였는지, 그 출처에 대하여 얼마나 신뢰할 수 있는지, 그리고 더 많은 정보가 필요한지와 같은 문제에 대한 자신의 지식을 서로 공유한다. 토론이 계속되면서 이 문제에 관한 감정 검토, 이러한 검토가 그들의 계속된 관심사에 도움이 된다고 느끼는지의 여부, 그들이 영향을 끼칠 수 있다고 느끼는지의 여부와 그 느낌이 이 문제 전체에 대한 것인지를 토론하게 된다. 그 토론은 학생들이 행동 계획을 수립하여 앞으로 나아가기에 앞서 다양한 입장에서 선택된 문제를 고려하도록 돕는 육색 사고모자의 순서를 따르는 것과 같은 유사한 패턴을 따를 것이다.

de Bono(1999)는 그룹 참가자 모두에게 주어진 주제에 대한 사실과 숫자를 고려하라고 요청하는 것으로 토론을 시작하라고 제안하고 있다. 이러한 형태의 아이디어 제안은 “흰 모자 사고(white hat thinking)”라고 알려져 있는데, 감정, 잠재적인 부정적 또는 긍정적 결과, 그리고 다른 문제들과 관련된 토의를 피하게 한다. 이 흰 모자 사고 단계에서 참가자는 주지의 사실과 믿고 있는 사실 사이에 선을

긋도록 한다. 주지의 사실은 이용할 수 있는 자료로 즉시 입증할 수 있고, 믿고 있는 사실은 다른 단계의 사고 형태로 나아가기에 앞서 나중에 입증하려는 목적을 갖고 목록화한다.

예를 들어, 교내에 설치되어 있는 사탕과 청량음료 자판기가 꼭 필요한지에 대한 학생 중심 토론에서 학생들은 토론을 하기 전 수집된 주지의 사실을 목록화할 수 있다—지난 5년간 학교와 공급업자의 월간 이익, 학교에서 실시하고 있는 프로그램을 위하여 제공된 이익 할당액, 지난 연도 이 할당액의 사용처, 자판기에서 판매되는 품목의 칼로리, 학생들이 자판기를 사용한 횟수, 자판기에서 판매되는 각 품목의 가격. 믿고 있는 사실에는 학교에서의 비만 학생의 증가, 여기에 관심을 갖고 있는 학부모와 시민들의 의견(학생의 의견은 여기에 포함되지 않고 다른 단계의 모자에 속한다), 그리고 학생들이 자판기 상품 구매와 건강 사이에 관계가 있다고 믿는 것 등이 포함된다. 이 형태의 사고에 있어서 중심 요소는 학생들이 토론 전반부에 명백한 사실들을 고려함으로써 토론 후반부로 갈수록 학생들이 입증된 사실과 객관적인 숫자에 근거해서 사고하도록 한다는 것이다. 다음 단계의 생각하는 모자로 이동하기 전에 교사는 학생들이 믿고 있는 사실을 입증할 시간을 주어야만 한다.

빨간 모자(red hat) 사고는 참가자가 자신의 느낌을 정당화할 필요 없이 개념에 관련된 의견과 느낌을 자유롭게 표현하도록 허용한다(de Bono, 1999). 학생들은 "나는 …라고 느낀다." 또는 "나의 직관은 …라는 것을 나타낸다."와 같은 진술문으로 아이디어를 소개할 수 있다. 학생들은 감정을 공유하는 기회를 경험할 수 있고, 그 과정에서 직관에 의해 자주 의사결정을 하는데, 이 전략은 잘 알려지지 않을 수도 있다. 이 단계에서 학생들은 느낌 공유하기를 지나칠 수 있다. 혹은 그 주제에 대한 자신의 혼란스런 감정을 밝힐 수도 있는데, 그러한 경우 교사는 학생이 그러한 감정의 이중성을 밝힐 수 있도록 더 곰곰이 생각하도록 격려한다. 참가자가 마음속에 간직해야 할 경고는 빨간 모자 사고는 판단이 아니라 정서의 공유에 대한 것이라는 점이다.

빨간 모자의 또 다른 기능은 감정의 정당함을 인정하는 것으로, 이것은 의사결정을 위한 토론에서 종종 생략된다. 학생들은 사과하지 않고 자신의 감정을 나타내는 것을 배울 기회를 가져야만 한다. 그들은 느낌에 대한 사고가 전체 과정의 일부분이며, 이러한 느낌은 궁극적으로 그들이 결심하도록 인도하는 완전한 그림(또는 지도, de Bono의 분류표를 사용하기 위한)의 부분임을 배워야 한다. 청량음료/사탕 자판기 문제에 대한 빨간 모자 사고에서, 학생들은 학교 내에 자판기가 설치되어 있는 것 또는 제거해야만 하는 것에 대한 느낌을 자발적으로 말할 수 있다. "나는 좋은 성적을 받아서 선생님이 사탕을 사 먹도록 자판기로 보낼 때 기분이 좋다." 또는 "나는 기계를 치운다면 많은 학생들이 실망할 거라고 직관적으로 느낀다."

비판적 사고와 가장 밀접하게 연관된 검은 모자(black hat) 사고는 문제가 어떻게 잘못되었다, 잠재적으로 효과가 없을 것이다, 혹은 논리적 근거가 잘못되었다라는 관점을 참가자가 표현하는 것을 허락한다(de Bono, 1999). 토론자들은 잠재적 방해물, 사고에 있어서 불충분한 점 또는 앞서 기술된 정보의 문제점을 고려하면서 주어진 주제에 대하여 주의 깊게 생각한다. 예를 들어, 흰색 모자 사고에서 참가자가 시대에 뒤쳐진 사실이나 수치를 제시했다면, 나중에 검은 모자 사고에서 앞서 기술된 정보의 타당성을 검증하기 위하여 여기에 대한 비평이 제공될 수 있다. 이 형태의 사고는 사실과 수치를 수집하는 동안에는 생산적이지 않을 수 있으나 비판적 분석의 시점인 이 단계에서는 바람직하다. 이러한 비평이 만약 흰색 모자 단계에서 제공되었다면, 다른 참가자들이 비판을 두려워하여 아이디어를 신중히 제공해야 하겠다고 느꼈을 것이다. 그러한 반응은 아이디어의 공유를 제한했을지도 모르고, 이것은 잠재적으로 시간을 덜 생산적으로 쓰게 되는 일을 초래할 것이다. 따라서 적절한 시기, 즉 검은 모자 사고 단계가 될 때까지 그러한 비평적 분석을 보류해야 하는 것이다. 예를 들어, 검은 모자 사고 덕분에 자판기를 치우는 것은 거기에서 나오는 이익으로 자금이 조달되는 밴드에 접근할 수 있는 학생의 수가 더 적어지는 결과를 낳을 수 있다고 지적하면서 자판기 제거에 대해 문제제기를 하는 학생이 생길 수 있게 된다.

위험에 대한 평가는 검은 모자 사고(de Bono, 1999)의 필수 불가결한 부분이다. 교사가 다음과 같은 질문에 대한 반응을 촉진시킨다면 학생들은 그러한 위험 평가를 통하여 사고의 중요성을 배울 수 있다. "그러한 행동을 한다면 무슨 일이 일어날까?" 또는 "학생이나 교사는 어떻게 반응할까?", "자판기로 구매를 할 때 여러 품목 중에서 건강에 좋은 품목을 선택하는 것이 기계를 구하는 길이며 계속해서 돈을 벌 방법일지도 모르지만, 학생들이 사탕에 돈을 쓰는 것만큼 과일이나 물에 돈을 쓸 것이라고는 생각하지 않는다."와 같은 다양한 아이디어로 학생들이 반응할 것이다. 이 형태의 사고는 어떤 문제를 검토하는 동안 가장 자주 이용되지만, 이 전략이 보다 효과적으로 쓰이고 학생들이 의사결정에서 비판적 사고에만 의존함으로써 발생하는 여러 가지 한계점을 극복하기 위해서는 보다 폭넓은 사고를 사용하는 것이 중요하다.

노란 모자(yellow hat) 사고는 참가자가 현재까지 제시된 아이디어의 긍정적인 면을 검토함으로써 자신의 사고에서 가치를 점검하는 것을 말한다. 대부분의 사람들은 "가치 민감성"이라는 기술의 중요성을 인식하지 못하고 있다(de Bono, 1999). 노란 모자는 토론 참가자들이 논리적으로 어떻게, 누구에게, 어떤 목적으로 아이디어가 가치로울 수 있는지 검토하도록 한다. 긍정적인 면을 검토하는 이 기회는 참가자들이 사물에서 장점을 보는 능력을 개발하도록 하는데, 이것은 대부분의 사람들에게 자주 제공되는 기회가 아니다. 이 기회는 앞의 진술문 또는 아이디어의 감추어진 장점을 보도록 도와줄 수 있다.

예를 들어, "만약 학교에서 자판기를 치운다면 특별활동을 위한 대안적 자금 모금 방법을 찾아야 할지도 모릅니다. 이것은 또한 더 건강한 생활방식, 결석이 줄어들고 결국에 가서는 고비용 의료 비용을 적게 부담하는 더 건강한 국가로 만들 수 있고, 보건 위생 당국과 의료 시스템의 현재 부담을 줄여 줄 수 있습니다."라고 한 학생이 제안하게 될지도 모른다. 그러나 모든 노란 모자 사고가 결실 있는 결과물을 산출하는 것은 아니다. 특히 주어진 사실, 느낌 그리고 이미 탐구된 비판적 사고가 제시되었다면 아무리 노력해도 참가자가 그 문제에 대하여 긍정적 아이디어를 더 이상 만들어 내지 못할 수도 있다. 이 점은 이해할 만하고 받아들일 수 있으나, 교사는 학생들이 긍정적인 점을 적극적으로 발견하고 논리적으로 정당화할 수 있도록 격려를 아끼지 말아야 한다.

초록 모자(green hat) 사고는 학생들이 제안된 아이디어에 대한 대안 또는 새로운 선택을 검토하는 것을 허용한다(de Bono, 1999). 초록색은 에너지, 성장, 아이디어의 줄기 만들기 그리고 새로운 아이디어의 생성에 상응하는 모자의 색으로 선택되었다. 초록 모자 사고를 함으로써 가능성이 제공되고 새로운 사고와 창의성을 위한 기회가 주어진다. 예를 들어, 학생들은 즉시 자판기를 치우는 대신에, 현재 필요한 것을 위한 경쟁이 될 만한 자금원을 찾도록 제안할지도 모르는데, 이것은 실행 가능한 대안을 찾으면서 사탕용 자판기를 통해 계속적으로 기금을 모으는 것을 허용할 수 있다. 그러한 아이디어는 수평적 사고를 허용하는데, 그렇게 하여 앞서 논의된 제안들에 대한 대안이 고려되고 개발된다. 이 전략은 학생들이 어떤 문제에 대한 원래 아이디어나 해결책이 항상 최선의 선택은 아니며, 이러한 아이디어에 대한 대안을 생각하는 것이 생산적이거나 처음에 제시된 아이디어보다 더 생산적일 수 있음을 이해하도록 도와준다.

파란 모자(blue hat) 사고는 참가자들에게 제안된 아이디어와 가능성에 대하여 고려하고, 어떻게 앞으로 나아갈지 방향을 제시하거나, 요약과 결론을 제공하거나, 더 이상의 탐험을 위해 다른 모자 재방문을 통해서 일치된 인식에 이를 것을 요청한다(de Bono, 1999). 파란 모자는 교사가 쓰거나 어떤 모자가 언제 사용되는지 혹은 어떤 모자가 곧 토론에서 사용될 수 없는지를 지도하기 위하여 사용될 수 있다. 파란 모자는 초인지 사고를 나타낸다. 토론의 사회자나 안내자는 파란 모자를 쓰고 사람들이 다른 단계의 사고를 하고 있을 때 이를 지적할 수 있다. 예를 들어, 노란 모자 사고에서 누군가가 "…때문에 그 아이디어가 효과적이지 않을 것 같습니다."와 같은 비평적 진술을 한다면 그것에 대해 사회자는 다음과 같이 반응할 수 있다. "그것은 검은 모자 사고입니다. 지금은 노란 모자를 씁시다. 우리 아이디어의 긍정적인 면을 다 찾아본 후 검은 모자를 다시 쓸 수 있을 것입니다." 혹은 사회자는 사고하는 모자를 바꾸기 위한 지도를 하기 위해 파란 모자를 사용할 수도 있다. "지금은 …에만 초점을 맞춥시다." 교사가 이 여섯 개의 모자 사용 방법에 대해 토론 초반에 사고 형태를 시범 보이고, 학생이 모자의 기능을 이해하고 모자를 사용하여 문제를 효과적으로 논의할 수 있다면, 학생은 토론을 이끄는 사회자로도 임명될 수 있고 이를 통해 학생들의 초인지 능력을 향상시킬 수 있다.

영재 학생은 주어진 문제나 주제에 대하여 많은 아이디어를 갖고 있을 수 있으며, 이러한 관점을 상술하거나 그러한 사고의 복잡성을 다루는 방법에 관하여 논리적 결정을 내리는 것이 해 볼 만하다고 생각하게 될지도 모른다. 육색 사고모자 기법을 사용함으로써 학생들은 자신의 사고 과정을 단순화하고, 좀 더 신중하고 정보에 근거한 논리적인 결정을 하기 위하여 사고의 다양한 면을 탐험할 기회를 갖게 된다. 그러한 기회 덕분에 학생들은 다른 아이디어의 목적을 이해하고 자신과 상대방의 아이디어의 가치를 이해하며, 성급한 결론을 내리기 전에 다양한 선택을 통해 생각하는 것을 배울 수 있다. 이 방법은 학교와 자신의 인생에서 굉장히 가치로운 사고를 가르치는, 합리적이고 다방면에서 사용될 수 있는 접근법이다.

교실 활동의 예

질문 기법을 사용하여 좀 더 흥미로워진 수업에는 Dr. Martin Luther King, Jr.의 "나는 꿈이 있습니다(I Have a Dream)"라는 연설에 대한 수업이 있다. 정치적 담화에서의 설득적이고 수사적인 전략 검토가 이 단원의 주요 교육 목표였다. Jesse Jackson 목사는 최근 미시시피 주의 주도를 방문한 적이 있는데, 학생들은 언어와 작문 AP 수업에서 학습한 수사학적 전략과 설득적 기법 내용을 그의 방문에 관한 기사와 연계 검토하였다. 며칠 후 그들은 Jackson 이 연설하는 것을 실제로 보고 들으면서 그의 수사학적 전략, 설득적 전략 그리고 효과를 Dr. King 의 유명한 연설과 비교하는 기회를 가졌다.

수업 중 토의를 촉진시키기 위하여 세 명으로 이루어진 작은 그룹의 학생들은 숙제를 함께 하였는데, 이것은 Dr. King의 연설을 요약하고 여기에 반응하는 것이었다. 교사는 한 그룹씩 돌아 가며 함께 했고, 교사가 함께하지 않은 그룹은 그룹 구성원들이 함께 작업하며 자신들의 숙제에 대하여 토론하였다.

교사: 무엇 때문에 Jackson에게는 2점을, King에게는 8점을 주었습니까?

Martha: King이 그것을 좀 더 효과적으로 사용했다고 생각했습니다.

교사: 무엇을 좀 더 효과적으로 사용했다고요?

Martha: 반복이요. 그는 반복을 좀 더 효과적으로 사용했다고 생각합니다. Jackson이 한 연설에서 반복은 나에게 아무런 의미도 없었습니다. 그냥 자꾸만 반복하는 것처럼 여겨졌습니다. 그렇게 반복하는 것은 짜증이 났고 효과적이지 않았습니다. 좀 더 비판적이고 뭔가 부족하다는 느낌이 들었습니다. 반면에 Martin Luther King Jr.의 경우에는 자신의 목표를 강조하고 있었습니다. 나는 그가 악을 쓰거나 주입시키려 하는 것을 보지 못했고 음조가 거칠게 여겨지지 않았는데, 이것은 나를 불쾌하게 하지 않았습니다.

교사: Sarah는 너의 작문에 대한 반응에서 흑인만이 King의 청중은 아니라고 언급합니다. 어떻게 텍스트에 있는 사진의 뒷모습만 보고 이것이 사실이라고 말할 수 있습니까?

Martha: 글쎄요, 잘 모르겠습니다.

교사: 네. Sarah, 이것이 너에게 무엇을 나타냈는지 우리와 공유할 수 있습니까? 그는 또한 어떤 매력적인 것을 모든 미국인들에게 말했습니까?

Sarah: 어떤 말인지 정확하게는 기억할 수 없지만, 그가 사용한 은유는 폭넓은 층의 청중들에게 호소력이 있었기 때문에 도움이 되었다고 생각합니다.

교사: 어떤 은유를 생각하고 있지요?

Sarah: 모르겠어요.

Lindsey: Sarah가 말하는 것이 무엇인지 알겠어요. 그는 "미국인들", "신의 아이들", "시민"이라는 말을 사용합니다. 다른 사람들에게서 분리시키는 "흑인"이라는 말을 사용하지 않습니다.

Sarah: 반면에 Jackson은 연설에서 흑인과 백인 같은 분리를 나타내는 단어를 선택했음을 우리는 알지요. 하지만 King은 모든 사람을 포함하고 그들을 함께 모으는 단어를 사용합니다.

[다른 그룹]

Derek: (질문이 적힌 쪽지를 읽는다) 무엇이 될 수 있는지에 대해 사람들의 상상력을 붙잡는 미국인이 오늘날 있나요?

Britton: King과 같은 사람이요?

교사: King이나 미래에 대하여 긍정적인 이미지를 갖고 있는 사람들.

Kim: King이 그러한가요?

교사: 그의 연설에서 그렇지 않습니까? 긍정적인 전망을 하지 않나요?

Derek: 누가 그렇지 않은지 말해 볼게요. Jesse Jackson입니다. 그는 긍정적이지 않아요.

교사: 좋아요, 이 질문에 답하기 전에 아마도 우리는 Kim이 말한 것을 입증하고 대처해야만 합니다. King은 긍정적인 전망을 합니까?

Kim: 그렇다고 생각하지 않습니다. 그는 과거에 일어난 일만 말합니다. 그는 지나간 상처만을 선택하고 있지요. 난 그가 한 말이 그리 긍정적으로 들리지 않습니다.

Britton: 하지만, 그는 자신의 아이들이 과거 노예 소유자들의 아이들과 같은 테이블에 앉아서 무언가의, … 자유의 테이블에 앉아서 함께 놀기를 원합니다.

Kim: 그러나 그는 모든 부당함이라는 화제를 꺼내 놓습니다. 그것은 긍정적인 것이 아니지요.

교사: 그래서, Kim, King이 긍정적인 것보다 부정적인 것에 더 초점을 맞추고 있다고 봅니까?

둘 다: 예.

교사: 그래서, Derek, 당신도 동의합니까?

Derek: 예.

교사: 글쎄요, Derek이 Kim과 동의하니까 이 의견에 대하여 좀 더 얘기해 봐요.

Derek: 글쎄요, 그의 연설에서 좋았던 것은 주로 그가 흑인이 삶을 수용해야만 하며 폭력적으로 투쟁하지 않아야 한다고 말하는 것이었습니다. 선생님께서도 아시다시피, 말하자면 1870년에 이 연설을 했다면 괜찮았을 겁니다. 1875년에 이 연설을 했다면 노예가 막 해방되었기 때문에 아주 훌륭한 시기였을 겁니다. 그들의 자유가 좀 더 중요했을 겁니다.

Britton: 그러나 그는 흑인들이 백인과 똑같은 레스토랑에서 식사할 수 있기를 원했기 때문에 1960년대도 또한 좋은 시기였고 적절한 시기였다고 생각합니다.

Derek: 그럴 거라고 추측합니다. 하지만 그는 과거의 부당함에 대하여 우리가 그들에게 얼마나 빚졌는지를 말하고 있지만 그는 결코 노예가 아니었습니다.

교사: 그래서, 그는 백인들이 흑인들에게 무엇을 빚졌다고 말하고 있다고 생각합니까?

Kim: 연설에서 한 번 말했다고 생각합니다. "헌법에 '모든 사람들은 동등하게 창조되었다.'라고 되어 있으나 알다시피 우리는 동등하게 취급되지 않았습니다." 그러고 나서 그는 뒤돌아보고 누군가 "우리가 그것을 처리할 거에요."라고 말하기를 기다립니다. 그는 그저 과거에 일어난 일에 대하여 계속해서 말할 뿐입니다.

Britton: 처음에 그는 Abraham Lincoln이 노예 해방 선언서에 서명한 것에 대하여 이야기합니다. 그러고 나서 그는 "우리는 여전히 인종 차별을 받고 있습니다."라고 말하지요. 그리고 그 당시에는 그것이 사실이었습니다. 그들은 여전히 인종 차별 대우를 받았습니다.

교사: 그래서 우리가 이 그룹이 말하고 있는 것을 비교한다면, Kim은 King이 "당신들은 우리에게 빚이 있습니다. 그리고 여기 당신이 우리에게 빚진 이유가 있습니다."라고 말한다고 합니다. 당신은 이것이 King이 말하고자 하는 바를 지지한다고 생각하지 않습니까?

Kim: 아니요, 나는 그것이 사람들을 화나게 한다고 생각합니다.

Britton: [Kim에게] 아니, 그는 단지 평등을 원합니다. 그는 그들이 소수자 차별 철폐 조치(Affirmative Action)나 뭐 그와 같은 특별한 취급을 원한다고 말하는 게 아닙니다. 그는 단지 모든 인종들을 위한 평등만을 원합니다.

첫 번째 그룹에서 연설에 대한 세 학생들의 반응을 들은 후 교사는 한 학생에게 추수 질문을 하였고, 이 학생은 이 질문에 답하면서 자신의 가치 체계를 설명하고 자신의 결정을 정당화하였다.

그러고 나서, 교사는 다른 두 학생들에게 토론 질문을 제시하며 그 연설에서 찾은 증거를 갖고 텍스트를 재검토하라고 요구하였다. 교사는 한 그룹에서 다른 그룹으로 이동하고 질문을 계속하면서, 함께 하고 있지 않은 다른 그룹에게는 미리 작성된 예리한 질문이 적혀 있는 쪽지를 주어 학생들이 토론하게 하였다. 교사는 자주 한 그룹이 말하는 것을 듣고 질문하였다. 동시에 다른 그룹의 토론 속도와 방향을 관찰하고 필요한 질문 쪽지를 나누어 주었다.

한 그룹과 토론을 한 후 교사는 다음 그룹으로 이동하였는데, 세 명의 학생들이 그들에게 주어진 쪽지에 적혀 있는 질문에 답하고 있었다. 교사는 질문을 하기 전 수 분 동안 그들의 대화 방향을 따라 가며 그들의 토론과 의미에 귀 기울였다. 이 그룹의 각 구성원들은 자신의 의견을 표현하였고 연설의 메시지를 계속해서 탐구하였다. 학생들이 메시지가 던지는 문제에 대해 특별히 다른 입장을 취하고 있음을 발견했을 때, 교사는 학생들에게 텍스트에서 증거를 찾아 자신의 의도를 재진술하도록 요구했다.

학생들에게 자신의 의견에 대한 증거를 텍스트를 참조하여 보여줄 것을 요구하는 것은 Great Books Foundation에서 사용하는 방법이다. 픽션을 읽든 논픽션을 읽든, 이러한 질문 기법은 학생들이 자신이 읽은 것에서 의미를 찾도록 도와주는 데 유용하며, 탁월한 흑인 두 명의 정치적인 연설을 비교하는 경우에도 유용하다. 다양한 질문을 함으로써 교사는 필수 불가결하게 학생들을 위한 질문 과정을 모델링하고 있고, 이것은 학생들이 장래에 독립적으로 질문을 할 때 이 과정을 모방할 수 있도록 설계되어 있다. 교사는 제기된 질문의 목적, 형태, 반응을 분석해야 한다.

이 과정의 궁극적인 목적은 학생들이 의미 있고 고차원적인 사고를 필요로 하는 질문을 동료들과 자신에게, 교실에서뿐만 아니라 교실 밖에서도 하도록 장려하는 것이다. 텍스트에 대한 교사의 개인적 해석이 종종 학생들의 그것과 다를지라도, 이 활동의 목적은 학생이 자신의 사고 패턴을 점검하고 비판적 사고 기술을 확장하도록 하는 것이다. 촉진자 역할을 담당하는 자나 교사는 많이 들어야 한다. 끝으로, 좋은 질문을 만들어 내는 것은 매우 중요하며 또한 해 볼 만한 일이다. 교사의 질문에 내포되어 있는 전제를 의문시하는 학생이 종종 그러한 질문을 던지기 때문에 더더욱 그렇다.

맺는 글

질문전략은 상위 사고 기술을 자극하기 위하여 초등학교에서 대학교 수준까지 사용될 수 있는데, 이것은 영재 학생들의 인지 발달에 필수적이다. 많은 질문하기 모델이 특별한 수업, 능력 수준 또는 주제 분야에 맞도록 각색되어 사용될 수 있다. 교육자와 학부모는 질문하기와 적절한 행동의 모델을 통해 학생들이 촉진자의 역할을 하도록 격려할 수 있는데, 이것은 평생 동안의 사고 기술 발달과 텍스트, 연구 그리고 인생에 대하여 질문을 하는 독립적인 학습자로 성장하는 데 필수적이다.

관련 자료

질문하기 기법에 관한 웹사이트

비평적 사고를 위한 협회(Critical Thinking Consortium)
http://www.criticalthinking.org/default.html

이 사이트는 교육자들이 교실에서 비평적 사고 기술을 발달시키기 위한 생산물과 워크숍뿐만 아니라 교수의 수월성을 위한 국가협의회에 대한 정보, 비평적 사고를 위한 기준과 함께 비평적 사고를 위한 기관에 링크할 수 있도록 한다.

소크라테스적 교수(Socratic Teaching)
http//www.cutsinger.net/socratic.html

사우스캐롤라이나 대학교 종교학과 교수인 James S. Cutsinger가 이 웹 페이지를 만들었는데, 소크라테스적 세미나를 실행하기 위한 단계의 목록이 포함되어 있다. 대학교 과정에서 사용되도록 고안되었지만, 초등학교와 중등학교 교육자들에게도 적당한 지침서이다.

ENC Online: Inquiry & Problem Solving
http:// www.enc.org/topics/inquiry

이 사이트는 교사, 교실 활동, 자원 지침에 대한 링크와 함께 수학 교사와 과학 교사를 위한 질문 및 문제 해결에 대한 정보를 제공한다.

The Exploratorium: Institute for Inquiry
http://www.exploratorium.edu/IFI/index.html

이 사이트는 수학과 과학을 가르치는 데 있어서 질문을 사용하는 패러다임에 관한 정보 링크와 논문을 포함하고 있다.

소크라테스적 방법: 말해 주기 대신에 질문함으로써 가르치기
(The Socratic Method: Teaching by Asking Instead of Telling)
http://www.garlikov.com/Soc_Meth.html

Rick Garlikov가 쓴 이 논문은 소크라테스적 방법을 어떻게 도입하는지에 대한 토론을 제공한다. 또한 이 방법을 사용한 수업 지도안도 있다.

Goodcharacter.com
http://www.goodcharacter.com/Socratic_method.html

이 사이트는 학생들의 윤리적 · 도덕적 성장이라는 목적을 위하여 소크라테스 적 방법이 이용된 수업안을 제공한다.

Northwest Regional Educational Laboratory: Science Inquiry Model
http://www.nwrel.org/msec/science_inq

이 사이트는 과학 질문 모델을 기술하고 이 모델의 요소, 교수전략, 자원을 제공한다.

출판물

Ball, W., & Brewer, P. (2000). *Socratic seminars in the block*. Larchmont, NY: Eye on Education.

Bills, L., Latham, P., & Willimas, H. (2002). Encouraging all learners to think. *Mathematics Teaching, 181*, 14-16.

Black, S. (2001). Ask me a question. *American School Board Journal, 188*(5), 43-45.

Deal, D., & Sterling, D. (1997). Kids ask the best questions. *Educational Leadership*, *54*, 61–63.

Elder, L., & Paul, R. (1998). The role of Socratic questioning in thinking, learning, teaching. *The Clearing House*, *71*(5), 297–301.

Feldman, S. (2003). The right line of questioning. *Teaching PreK–8*, *33*(4), 8.

Galas, C. (1999). The never–ending story? Questioning strategies for the information age. *Learning and Leading with Technology*, *26(7)*, 10–13.

Guilford, J. P. (1967). *The nature of human intelligence*. New York: McGraw–Hill.

Hannel, G., & Hannel, L. (1998). The seven steps to critical thinking: A practical application of critical thinking skills. *NASSP Bulletin*, *82*(598), 87–93.

Harris, R. (2000). Questioning techniques in student–centered classrooms. *The Clearing House*, *74*(1), 25–26.

Polite, V., & Adams, A. (1997). Critical thinking and values clarification through Socratic seminars. *Urban Education*, *32*, 256–278.

Shoeman, S. (1997). Using the Socratic method in secondary teaching. *NASSP Bulletin*, *81*(587), 19–21.

"청소년을 위한 위대한 책"에 대한 더 많은 정보를 얻고자 한다면 (800)222–5870으로 전화 또는 http://www.greatbooks.org를 방문하십시오.

참고문헌

Ball, W. & Brewer, P. (2000). *Socratic seminars in the block*. Larchmont, NY: Eye on Education.

Bloom, B. S. (Ed.). (1956). *Taxonomy of educational objectives: The classification of educational goals. Handbook I: Cognitive domain*. New York: Longmans, Green.

Callahan, C. (1978). *Developing creativity in the gifted and talented*. Reston, VA: Council for Exceptional Children.

Daniels, S. (1997). Creativity in the classroom: Characteristics, climate, and curriculum. In N. Colangelo & G. A. Davis (Eds.), *Handbook of gifted education* (2nd ed., pp. 300–301). Boston: Allyn and Bacon.

de Bono, E. (1970). *Lateral thinking: Creativity step by step*. New York: Harper and Row.

de Bono, E. (1999). *Six thinking hats*. Boston: Back Bay.

Feldhusen, J. (1994). Thinking skills and curriculum development, In J. VanTassel-Baska (Ed.), *Comprehensive curriculum for gifted learners* (pp. 301–324). Boston: Allyn and Bacon.

Gallagher, J. J. (1985). *Teaching the gifted child*. Boston: Allyn and Bacon.

Gallagher, J. J. & Gallagher, S. A. (1994). *Teaching the gifted child*. Boston: Allyn and Bacon.

Glenn, R. (1997). Scamper for student creativity. *Education Digest*, *62*(6), 67-68.

Grambo, G. (1997). Questions in your classroom, *Gifted Child Today*, *20*(3), 42-43.

Guilford, J. P. (1967). *The nature of human intelligence*. New York: McGraw-Hill.

Hunkins, F. P. (1976). *Involving students in questioning*. Boston: Allyn and Bacon.

Hyman, R. (1979). *Strategic questioning*. Englewood Cliffs, NJ: Prentice Hall.

Krathwohl, D., Bloom, B., & Masia, B. (1964) *Taxonomy of educational objectives, Handbook II: The affective domain*. New York: McKay.

Letzter, F. (1982). Meeting the special needs of the gifted and creative student in the world history classroom. *Social Education*, *46*, 195-199.

Maker, C. J., & Nielson, A. (1996). *Curriculum development and teaching strategies for gifted learners*. Austin, TX: PRO-ED.

Manktelow, J. (2003). *Mind tools: Essential skills for an excellent career*. West Sussex, England: Mind Tools.

Parker, J. (1989). *Instructional strategies for teaching the gifted*. Boston: Allyn and Bacon.

Patterson, J. (1973). *Why doesn't an igloo melt inside? A handbook for teachers of the academically gifted and talented*. Memphis, TN: Memphis City School System. (ERIC Document Reproduction Service No. ED083 760)

Pollack, H. (1988). *Questioning strategies to encourage critical thinking*. (ERIC Document Reproduction Service No. ED297 210)

Schwartz, B., & Millar, G. (1996). *You are what you ask: The power of teaching students questioning skills for enabling thinking*. Paper presented at the annual Sage conference, Calgary, Alberta, Canada. (ERIC Document Reproduction Service No. ED408 744)

Shaunessy, E. (1999). Questioning techniques in the gifted classroom. *Gifted Child Today*, *23*(5), 14-21.

Strasser, B. (1967). The use of questions as an aspect of a teacher's behavior. In J. Gown, G., Demos, & E. Torrence (Eds.), *Creativity: Its educational implications* (pp. 207–209). New York: Wiley.

Will, H. (1987). Asking good follow-up questions. *Gifted Child Today*, *10*(4), 32–34.

Winocur, S., & Maurer, P. (1997). Critical thinking and gifted students: Using IMPACT to improve teaching and learning. In N. Colangelo & G. A. Davis (Eds.), *Handbook of gifted education* (2nd ed., pp. 308–317). Boston: Allyn and Bacon.

Wolf, D. (1987, Winter). The art of questioning. *Academic Connections*, 1–7. Retrieved May 25, 2004, from http://www.exploratorium.com/IFI/resources/workshops/artofquestioning.html

찾아보기

저자 소개

Elizabeth Shaunessy는 플로리다 주 탬파 시에 소재한 사우스플로리다 대학교의 특수교육과 영재교육 조교수이자 영재교육 대학원 프로그램 조정자이다. 2003년 서던미시시피 대학교를 졸업하였고, 그곳에서 교육자와 정책 입안자들이 문화적으로 다양한 영재 어린이와 영재/학습장애 학생 선발을 돕기 위한 두 개의 연구를 연방지원금을 받으면서 수행하였다. 영재교육에서 저자의 관심 분야는 교수전략, 교수기술, 영재/학습장애 학생, 문화적으로 다양한 학생들, 정책 그리고 영재들을 위한 중등학교 선택이다. 저자는 학교 교육구의 교직원 계발에 공헌하고 있다. 전문가 계발 기회에서 처리되는 주제 중 몇몇은 비평적 사고 기술, 영재 중등학생을 위한 선택 프로그램 계획하기, 문화적으로 다양한 영재 학생 판별 및 그들을 위한 봉사, block schedule*에서 학생들 격려 및 참여 독려하기 그리고 모든 학생들을 위한 독서전략을 포함한다. 저자는 9년간 중등학교에서 언어 과목을 가르쳤다.

---

* 학생이 전통적인 수업 운영에서보다 하루에 더 적은 과목을 더 많은 시간 공부하는 일정(예: 하루 6과목 50분 수업 → 4과목 90분 수업)

역자 소개

한기순

- 인천대학교 대학원 교육학과 교수(영재교육 전공)
- 인천대학교 과학영재교육연구소 부소장
- 한국영재학회 이사
- 인천광역시 영재교육진흥위원회 추진위원
- 교육과학기술부 목적기초추진사업 추진위원

■ 저서 및 논문

- 영재교육학원론(공저). 교육과학사. 2003.
- 한국영재교육의 새로운 지평(공저). 학지사. 2007.
- Possibility and limitation of gifted education in Korea. Asia Pacific Education Review, 8(3), 2007.
- Problem-Finding, Real-World Divergent Thinking Test, and Young Children. Gifted and Talented International, 23(1), 2005.
- Domain-specificity of creativity in young children: How quantitative and qualitative data support it. Journal of Creative Behavior, 37(2), 2003.
- A classroom-based observation approach. Journal of Assessment for Effective Intervention, 28(2), 2003.
- Multiple creativities?: investigating domain-specificity of creativity in young children. Gifted child Quarterly, 46(2), 2002.
- A five-year follow-up study of the Nebraska Project: Still a long way to go. Roeper Review, 23(1), 2000. 외 다수

이금숙

- 인천과학고등학교 영어과 교사
- 인천대학교 영재교육전공 박사과정

영재아 지도를 위한 질문전략

Questioning Strategies for Teaching the Gifted

초판 인쇄 | 2008년 9월 5일
초판 발행 | 2008년 9월 8일
저 자 | Elizabeth Shaunessy
역 자 | 한기순 · 이금숙
발 행 인 | 홍진기
발 행 처 | 아카데미프레스

주 소 | 122-900 서울시 은평구 역촌2동 58-9
부호아파트 102동 상가3호
전 화 | (02)2694-2563
팩 스 | (02)2694-2564
웹사이트 | www.academypress.co.kr
등 록 일 | 2003. 6. 18, 제313-2003-200호
I S B N | 978-89-91517-32-5

가격 5,000원